文化经纪
理论与实务

聂静 苏云霞／主编

立信会计出版社
LIXIN ACCOUNTING PUBLISHING HOUSE

图书在版编目(CIP)数据

文化经纪理论与实务 / 聂静，苏云霞主编. —上海：
立信会计出版社，2020.7(2023.8 重印)
ISBN 978-7-5429-6549-3

Ⅰ.①文… Ⅱ.①聂… ②苏… Ⅲ.①文化市场—经
纪人—教材 Ⅳ.①G114

中国版本图书馆 CIP 数据核字(2020)第 133592 号

策划编辑　　陈　旻
责任编辑　　陈　旻
封面设计　　南房间

文化经纪理论与实务

WENHUA JINGJI LILUN YU SHIWU

出版发行	立信会计出版社		
地　　址	上海市中山西路 2230 号	邮政编码	200235
电　　话	(021)64411389	传　　真	(021)64411325
网　　址	www.lixinaph.com	电子邮箱	lixinaph2019@126.com
网上书店	http://lixin.jd.com		http://lxkjcbs.tmall.com
经　　销	各地新华书店		
印　　刷	江苏凤凰数码印务有限公司		
开　　本	710 毫米×1000 毫米	1/16	
印　　张	12.75		
字　　数	220 千字		
版　　次	2020 年 7 月第 1 版		
印　　次	2023 年 8 月第 4 次		
书　　号	ISBN 978-7-5429-6549-3/G		
定　　价	38.00 元		

前言
FOREWORD

随着国家文化产业政策的不断完善，文化产业高速增长的现实和前景对专业人才的数量和质量提出了迫切的要求。目前，我国文化产业内既懂文化艺术又懂经营管理，抑或擅长项目策划、文化经纪、市场营销和资本运作的复合型人才少，尤其是具有丰富经验的高层次、高素质的经营管理人才严重缺乏。面对高速发展的文化产业、版权产业，我国文化产业人才结构需进一步调整，包括从业人员的行业结构、知识结构、能力结构、年龄结构和学历结构等。

文化经纪人才的培养应当以行业为依托，面向文化艺术、广播影视、新闻出版、对外文化贸易、演出会展、动漫游戏、数字媒体等文化传媒及文化服务领域，培养理论和实践能力兼备的复合应用型人才。"文化经纪理论与实务"作为文化市场经营管理专业的核心课程，既要注重理论的系统性和先进性，又要体现实务的应用性和可操作性。基于此，本书在编写过程中既重视理论层面的梳理，又针对性地分领域讨论了文化经纪人实务操作层面的重点和难点。

本书是 2019 年上海市促进文化创意产业发展财政扶持资金"上海演出版权经纪人才培训基地"建设项目成果

之一，也是文化市场经营管理专业建设成果之一。在编著过程中，聂静负责整体结构的编排，并编写第一章、第三章、第六章至第八章，苏云霞编写第二章、第四、第五章、第九至第十一章。鉴于编者实践经验的不足，书中存在疏漏之处，敬请广大同仁、专家和读者给予批评指正！

聂　静　苏云霞

2020 年 5 月 12 日

目录
CONTENTS

第一章 ＼ 绪论

第一节　文化与文化产业

一、文化的概念

古往今来，人们对文化的定义或宽或窄，或深或浅，或粗或细，角度不同认知也存在不同的侧重点。在中国，"文化"是一个较早出现的概念。最初，"文化"二字分开来使用。"文"字本义是指各色交错的纹理，后来引申为文物典籍、礼乐制度和德行修养；《论语·雍也》中写道"质胜文则野，文胜质则史，文质彬彬，然后君子"。"化"字本义是指改易、生成、造化，后来引申为教行迁善之义；《吕氏春秋·士容》称："淳淳乎慎谨畏化"。"文"与"化"并联使用，较早见之于《周易》："观乎天文，以察时变；观乎人文，以化成天下"，蕴含了"以文教化"的思想。西汉以后，"文"与"化"合并使用，用以表示对人的性情的陶冶和品德的教养；《说苑·指武》称："圣人之治天下也，先文德而后武力。凡武之兴，为不服也。文化不改，然后加诛"。在西方，"culture"一词源自拉丁文 cultura，最初意指农作物的栽培和动物的饲养，时至今日，"culture"一词仍有养殖、种植的词义。从 16 世纪初开始，"文化"一词从作物的培育延伸到了人类心灵的培育。19 世纪中后期，人们将文明与文化等同，认为文化与文明是一个复杂的整体，"包括知识、信仰、艺术、道德、法律、风俗，以及人类作为社会成员所具有的任何其他能力与习惯"。20 世纪初，文化与文明的概念才逐渐被明确分开。

《辞海》对"文化"的定义分四个层面：①人类在历史发展过程中所创造的物质财富和精神财富的总和，特指精神财富。②同一历史时期的不以分布地点为转移的遗迹、遗物的综合体。③同样的工具、用具，用同样的制造技术等,是统一文化的特征,如仰韶文化、龙山文化。④运用文字的能力及一般知识的水平。雷蒙德·威廉姆斯认为"文化"包括三个层面:①用来描述知识、精神、美学发展的一般过程。②用来指涉一个民族、一个时期、一个团体或整体人类的特定生活方式。③象征知识,尤其是艺术活动的时间及其成品。

本书认为,文化是指在一定时代背景下,反映人们思维方式和生活方式的总和。

二、文化的构成

从广义上来看,文化可以分为物质文化、制度文化和精神文化。

1. 物质文化

物质文化是为了满足人类生存和发展需要所创造的物质产品及其所表现的文化,包括饮食、服饰、建筑、交通、生产工具以及乡村、城市等,是文化要素或者文化景观的物质表现。

2. 制度文化

制度文化以物质文化为基础,是人类为了自身生存、社会发展的需要而主动创制出来的有组织的规范体系。制度文化也是人类在物质生产过程中所结成的各种社会关系的总和。法律制度、政治制度、经济制度以及人与人之间的各种关系准则等,都是制度文化的反映。

制度文化作为精神文化的产物和物质文化的工具,一方面构成了人类行为的习惯和规范,另一方面也制约或主导了精神文化与物质文化的变迁。

3. 精神文化

精神文化包括个人和社会群体的所有精神活动及其成果,是以意识、观念、心理和理论等形态而存在的文化,是物质文化的核心载体,是人类新精神观、价值观和道德观生成延续的主要途径和来源。因而,在不同的领域会形成各自人类群体认同的精神文化。精神文化体现了文化的同一性和多样性。在学校区域会形成学校文化精神;在企业领域会形成企业文化精神;在影视业会形成影视文化精神;在军事领域会形成军事文化精神;在政治领域会形成政治文化精神等。

三、文化的特点

1. 共有性

文化是人类共同创造的社会性产物。一个社会或群体的全体成员共同接受和遵循的，才有可能成为文化。纯属个人私有的东西，不为社会成员所理解和接受的，并不能称之为文化。文化的一切方面，从语言、习惯、风俗、道德一直到科学知识、技术等都是后天学习得到的，并不是先天本能。

2. 民族性

自从民族形成以后，文化往往是以民族的形式出现的。一个民族使用共同的语言，遵守共同的风俗习惯，养成共同的心理素质和性格，即民族文化的表现。中华优秀传统文化博大精深，"学史，可以看成败、鉴得失、知兴替；学诗，可以情飞扬、志高昂、人灵秀；学伦理，可以知廉耻、懂荣辱、辨是非"。电影《功夫熊猫》正是充分运用了中国文化的精髓，如檐牙高啄的古建筑、颤巍巍的索道、曲折的长廊石桥、悠远的古亭等写意的中国艺术表现形式；针灸、点穴、二胡、书法、汉字等中国传统文化代表，以及"无就是有，有就是无"的中国禅宗思想表达等。

3. 动态性

文化是一定社会、一定时代的产物，也是连续不断的累积。每一代人都出生在一定的文化环境之中，继承上一代传统文化的同时，又根据自己的经验和需要对传统文化不断加以选择及改造，以活文化或文献形式流传，但并不是所有的选择都能被传承下来，在特定的社会环境下，选择还会受到各种条件的影响和制约，如焚书坑儒。传统文化的动态沿袭必定是顺应时代利益体系和价值体系的表现。

四、文化产业的概念及特点

（一）文化产业的概念

我国定义文化产业为：为社会公众提供文化产品和文化相关产品的生

产活动的集合。联合国教科文组织定义文化产业为包含创作、生产、销售"内容"的产业。根据国家统计局最新发布的《文化及其相关产业分类(2018)》,我国文化产业划分为两大领域九大类(见表 1-1),文化经纪划分在"文化辅助生产和中介服务"大类下,具体涵盖的范围见表 1-2。

表 1-1　国家统计局文化及相关产业分类(2018)

两大部分	九大类
文化核心领域	新闻信息服务 内容创作生产 创意设计服务 文化传播渠道 文化投资运营 文化娱乐休闲服务
文化相关领域	文化辅助生产和中介服务 文化装备生产 文化消费终端生产

表 1-2　文化经纪代理涵盖范围

项目	文化经纪代理服务涵盖范围
文化活动服务	指策划、组织、实施各类文化、晚会、娱乐、演出、庆典和节日等活动的服务
文化娱乐经纪人	指各种文化娱乐经纪人活动,包括演员挑选、推荐服务,艺术家、作家经纪人服务,演员经纪人服务,模特经纪人服务,其他演员和艺术家经纪人服务
其他文化艺术经纪代理	指其他文化艺术经纪代理活动
婚庆典礼服务	仅指婚庆礼仪服务,包括在婚姻服务行业小类中
文化贸易代理服务	仅指文化贸易代理服务,包含在贸易代理行业小类中
票务代理服务	指除旅客交通票务代理外的各种票务代理服务

从文化生产及再生产过程看,文化产业包括三个类别:

一是文化内容生产。这是文化产业发展的核心,决定着文化产业发展的方向和质量。目前,文化内容生产体系较为完备,从文学创作到艺术生产,从舞台表演到影视剧生产,从音乐制作到书报刊出版。图书馆、博物馆、纪念馆、档案馆等公共文化机构对馆藏品的加工复制,是对文化资源及文化产品的二次开发,也是文化内容生产的组成部分。

二是文化传播渠道。它与文化内容生产相衔接,是实现文化最终消费的重要"推手"。文化传播渠道与文化内容生产的对接方式,与文化业态息息相关。与出版服务相对接的是出版物发行渠道,包括图书、报刊以及音像制品和电子出版物的批发、零售和出租;与广播电台、电视台的新闻服务和广播电视节目制作相对接的主要是广电节目传输系统,包括有线、无线和卫星传输;与电影制作相对接的是电影院线,即电影发行和放映;与演艺相对接的是艺术表演场馆;与工艺美术品生产相对接的可以是拍卖行等。随着文化业态的更新换代,文化传播渠道也在不断多元化。

三是文化生产服务。它辅助文化生产,贯穿于文化生产及再生产的各环节。印刷复制、软件开发属于典型的文化生产服务,文化产权交易所以及经纪代理、评估鉴定、投资咨询、金融担保等中介服务也在此列,其作用都在于优化生产要素配置。

一部作品要成为文化产品,需要编辑或编导的"精雕细刻",同时也需要相应的设备辅助完成,如印刷复制需要设备,广播影视节目制作需要设备,舞台艺术表演需要乐器、舞台机械、灯光照明和音响设备等。因此,从广义上来讲,文化产业应包含文化装备生产这个大类。

(二) 文化产业的特点

1. 产业性文化行为

文化产业是对文化产品和文化服务的大规模商业运作,通过有效的市场化和生产化组织形态对可经营性文化资源进行可持续的简单再生产和扩大再生产,满足人们的文化需要。

2. 价值的市场转换性

文化产业要通过企业运作和市场行为使文化产品转换为文化商品,实现市场经济中的商业价值。以文化载体承载精神文化内核,在文化商品和服务的市场消费过程中实现文化价值的社会传播。

3. 文化与经济的双重功能

文化产业兼具文化性与商品性的双重属性，文化产业的产品和服务都必须具有能够提升人类生活，尤其是精神生活品质的特征。同时，文化产业中的经营主体独立经营、自负盈亏，在文化传播和文化服务的过程中同样追求经济利润的最大化。

4. 技术助力交叉融合

科技进步助推了文化业态的更新。作为知识经济的典型形态，文化产业是技术密集与人才密集型的生产领域。技术、人才、信息、知识、智力相互融合，资本与知本彼此支撑，成就了文化产业的内容生产和创意形态。运用二维码技术开发的文字、音频和视频相关联编码技术，可以使纸质图书"会说话""出影像"，带给人们阅读新体验；数字电影特别是 3D、4K 技术的应用，形成了强大的"视觉冲击波"；无镜立体显示技术的推广应用，不戴眼镜就能通过电视机、计算机和智能手机观赏立体化的影像节目，产生梦幻般的视觉新体验；"电子书包"超越了传统的课本模式，海量的与教材相衔接的音视频内容，使课堂教学更加生动有趣、具象化，学生们在学习之余可以同家长一起通过"电子书包"借阅数字图书馆的图书，浏览数字博物馆的藏品，欣赏高清的纪录片。这不仅为文化消费开辟了新途径，也为中华文明展示提供了新平台。

5. 高风险性

文化产业的高风险性特征体现在不同方面。首先，文化消费是一种精神消费，消费偏好和消费习惯不稳定，人们对于文化产品的市场价值预期并不能做到精准评估。其次，文化产业投入成本高而复制成本低，导致"盗版"屡禁不止，这与传统制造业有很大的不同。最后，文化产业的制作成本往往也高于流动成本，互联网的普及更加深化了这一特征。

6. 产业的依附性

文化产业对于物质生产力水平和政策、制度环境有很大的依附性。首先，文化产业的发展高度依赖于社会的物质生产水平的发展。其次，文化产业发展高度依赖于政策环境。

五、文化产业发展现状

1. 多元文化生态环境初步形成

随着数字技术和移动互联网的普及,网络内容成了人们文化消费的主要内容,互联网服务公司成了最大的文化内容提供商和渠道运营商。我国目前的公共文化服务体系,一个是政府主导的以广电等传统媒体为主要媒介,另一个是民间力量主导的以新兴媒体为主要载体,两大体系相互配套、相互支撑、日益融合,形成了全新的多元文化生态环境。生态化经营意味着文化产业不再是"内容为王"的单一主导与"渠道制胜"的集成化产品生产体系,而是将内容创意、渠道终端、网络平台等整合成为一个创意生态。例如,《国家宝藏》充分利用融媒体的优势进行广覆盖,除了在中央电视台播出,还通过哔哩哔哩、腾讯视频等各大网络平台进行传播,扩大节目的影响力。

2. 文化生产体系日趋智能化

传统文化产业呈"线性"再生产体系。从创作、生产、交换、消费(或者展示)再回到创作。在互联网时代,文化产业生产体系日益显现出网络化和智能化的特征。颇具未来感的"智能文创"引领着下一阶段的产业升级,以互联网平台化和数据服务为主导的技术,大数据和区块链的综合服务平台技术,以及以用户画像、VR 技术和人工智能为主导的互联网电商平台,第三方支付、数字资产等技术融合影响的交易模式,都在推动着"智能文创"的产业升级。例如,2019 年中央电视台春节联欢晚会的一大亮点就是科技驱动,首次采用 5.1 环绕声 4K 超高清"AR 技术",使屏幕呈现效果有了质的飞跃,同时,首次应用了智能语音识别字幕制作技术,只需要 5 分钟就可以完成时长达 1 小时的中央电视台春节联欢晚会视频节目字幕制作,准确率高达 95%。

3. 原创内容不断丰富

随着各类自媒体的快速发展,人类历史上第一次出现了文化内容的创造者从小规模专业作者向大规模业余作者迁移的局面,生产者和消费者相互融合(生产消费者),专业化生产者(PGC)和非专业化生产者(UGC)相互合作。根据《中国文化产业年度发展报告2019》,2018 年出现了头部内容与原创内容协同共生的局面。以网络电影为例,2018年原创剧本占比84%,文学、动漫、游戏、神话故事、真实事件等都为网络电影创作提供了丰富的素材。从现阶段的自媒体企业来看,大部分都是通过生产优质内容再逐渐形成独立的内容品牌。普通文化企业则更多依靠专业人士生产内容,借助媒体平台进行内容营销。原创内容的扩充更好地满足了大众精致化、个性化的文化需求,用户与用户、用户与信息交叉互动,使得内容更有聚合性,扩大了内容的传播范围,增强了信息的影响力度。

4. 文旅融合战略深化

文化和旅游部的设立打破了文化和旅游发展的体制性障碍,开启了文化和旅游深度融合的全新篇章。2018年3月,"全域旅游"上升为国家性战略,意在以旅游业为优势产业,努力推动区域资源有机整合,促进经济社会协调发展。基于文化和旅游的深度融合,旅游产业呈现出多种发展态势:①旅游形式从观光游逐渐转变为体验游。②活动经济日益活跃。当前活动经济的种类很多,并且呈现持续快速增长趋势。例如,足球联赛就属于活动经济,全世界各地举办足球联赛,球迷就会到各个城市观赛,这给活动举办地带来了巨大的商机。③影视带动文化旅游业的发展。过去,只有影视投资大片才有可能带动旅游,而现在运用系列微电影、短视频做城市旅游形象宣传,用贴近生活的故事就可以带动影视旅游。④旅游产业链不断延展。文化的注入,通过IP构筑了故事、企业、形象和产品的四位一体,延伸了旅游产业的可持续性收入。通过故事吸引游客,通过体验留住游客。

5. 文化辐射效应逐步扩大

中华文化博大精深,不同民族、不同地域、不同领域的文化自成体系又各具特色,"文化+"不仅是经济社会发展的必然趋势,也是当前我国经济转型和保增长的战略选择。2014年《国务院关于推进文化创意和设计服务与相关产业融合发展的若干意见》明确提出,文化创意与设计服务要为装备业、轻工业、信息业服务,还要为旅游业、农业,甚至体育产业服务。"文化+"推动了富有吸引力、竞争力、生命力的新业态和新产品,加快了"中国制造"向"中国创造"的转变,在"+"中实现了内质和边际裂变式的剧增效应。

第二节　文化市场与文化消费

一、文化产品的概念及特点

（一）文化产品的概念

产品是指能够提供给市场，被人们使用和消费，并能满足人们某种需求的任何东西，包括有形的物品，无形的服务、组织、观念或它们的组合。文化产品有广义、狭义之分。广义的文化产品是指人类创造的一切提供给社会的可见产品，既包括物质产品，也包括精神产品。狭义的文化产品专指具有特定文化含量的精神消费品。联合国教科文组织对文化产品的界定为"文化产品一般是指传播思想、符号和生活方式的消费品，它通常由文本内容和载体构成。文本内容指的是文化作品所要表达的思想、观点和主要内容等，具有抽象性和无形性，其本质体现为信息。载体则是信息传播所必需的固定介质或传播渠道"。

北京大学学者向勇曾提出衡量文化产品质量的"SMART"五原则：第一个"S"是社会创新，文化市场创新就要有社会担当、社会使命和家国情怀，要有"明知不可为而为之"的坚守和担当。第二个"M"是市场创新，有不同模式的创新，如价值创新、成本创新、产业链创新和跨界创新等，要有逻辑清晰的商业模式。第三个"A"是审美创新，要提升品质，过去注重产品的使用功能，现在满足审美需求和精神需求。第四个"R"是再连接，产品要具有实现生产者和消费者彼此之间连接的能力，通过这个连接，建立一个场景或进行情感表达。第五个"T"是技术，文化创意创新要紧跟新兴技术来寻找未来，有人称其为酷科技，有人称其为黑科技，要把这些技术运用到文化创意中，使得文化价值通过技术复制扩大效益。

（二）文化产品的特点

1. 精神性

文化产品作为人类劳动产品具有物质价值和精神价值，其中，精神价值是主要的。精神价值中既有前人创造的精神价值,又有文化生产者新创造的精神价值。思想是文化产品的本质,生活在社会实践中的文化生产者,对许多社会问题的看法在受到他人思想影响的基础上,也会形成自己的思想认识。这些思想认识既是文化生产者的认识结果,也表明文化生产者的认知能力,文化生产者会在进行新的文化创造时,把这些已有的认知成果有选择地转移到新的文化产品之中。物质产品可以模仿,可以重复,而每一件文化产品唯一的、独创的、不可重复的,必定是新思想、新知识、新信息的精神价值。

2. 创意性

文化产业的可持续性发展依靠的是人的创造力以及最大限度地发挥人的创造力。这些创意必须是独特的、原创的、有价值的。迪士尼集团发行了动画片《米老鼠与唐老鸭》,还将迪斯尼乐园主题公园的卡通形象做成玩具、服装,建造迪斯尼乐园主题公园,充分体现出人的无限创造力和想象力。创意是文化产品市场生命力的价值体现,是附加值的增值空间。例如,用景泰蓝做的家居,用青花陶瓷做的洁具等创意,都充分挖掘出了传统文化新的审美价值。

3. 价值延伸性

文化生态经济的营造,在于通过文化创意延伸产品门类,实现不同行业的价值传递。可以文化符号为链接,文化品牌为纲领做价值延伸,推动不同产业的跨界共生。以电影为例,电影的剧本可以做文字作品出版,电影的音乐可以出唱片,电影的道具可以开发玩具,电影的场景可以建设主题公园,电影的剧本还可以改编成电视剧、舞台剧、游戏动漫等。

4. 价值多义性

对同一个文化产品,不同的消费主体站在不同的角度,会有不一样的理解。正如鲁迅评价《红楼梦》:"一部《红楼梦》,经学家看见《易》,道学家看见淫,才子看见缠绵,革命家看见排满,流言家看见宫闱秘事"。文化产品的价值多义性正是文化产品在生产创意的过程中融入了真实的情景和对人类思维的认同。

5. 价值的增值性

好的文化产品经得起时代检验,经过一系列的创新操作,经典的文化产品还能焕发新的市场生命力,实现价值再增值。例如,电影《黄金时代》上映之后,引发了不少人的怀旧之情,把已经淡出人们视线的《呼兰河传》及作者萧红重新拉回了读者视野,带动原著销售码洋提升的同时,也激起了读者对于该作品文学价值的再讨论。

此外,文化产品具有知识产权价值,可以实现内容资源的资产化、资产的资本化、资本的产权化和产权的金融化,构筑价值增值的产权流转体系。

二、文化市场的概念及体系

狭义的文化市场是以商品形式为社会提供精神产品、文化艺术娱乐服务的流通领域。广义的文化市场是指按照价值规律围绕文化产品、文化服务的市场交换而开展的一系列经济活动以及由此形成的各种经济关系总和。

文化市场是市场主体、客体和消费者有机构成的整体。文化市场主体是指提供文化产品和文化服务的经营者,是文化市场的供方。文化市场客体是用作交换的有形文化商品和无形文化服务。消费者是既有文化消费需求,又具备支付能力的购买者,是文化市场的需方。按照产业性质,可以把文化市场分为以下几类:

(1)文化演出市场。文化演出市场是文化演出活动实现价值交换的流通领域。演出活动包括音乐、戏剧、舞蹈、杂技、魔术、马戏、曲艺、木偶、皮影、朗诵、民间文艺、模特和服饰等。

(2)书刊市场。书刊市场是新闻出版部门编辑出版的图书、报刊,通过总发行、批发、零售等环节与消费者进行交换的领域。

(3)文化娱乐市场。文化娱乐市场是以商品形式向人们提供文化娱乐服务、人们以娱乐场所的服务质量和设施设备档次进行不同消费交换的领域。

(4)音像市场。音像市场是由音像制品的生产、销售、出租和放映部门用音像制品和消费者进行价值交换的领域。

(5)电影市场。电影市场是电影制片厂、发行公司、电影院以影片与消费者进行交换的领域。

(6)艺术品市场。艺术品市场是各种艺术品以商品形式进入流通领域进行交换的场所。

（7）对外文化交流市场。对外文化交流市场是我国与世界其他各个国家或地区之间以有偿形式进行文化产品交换的场所。

三、文化生产及再生产

与物质再生产各环节有所不同，文化再生产可分为创作、生产、传播和消费四个环节。

1. 创作

文化作为一种思想形态，是人类在适应自然、改造社会以及丰富主观世界过程中所有智力创造的成果，即精神财富的总和。因此，文化创作既包括文学艺术创作，也包括科学研究上的学术创作。在艺术门类中，除了语言艺术，还包括表演艺术、视听艺术、视觉艺术、造型艺术和综合艺术等。这当中，美术、摄影等视觉艺术和雕塑、建筑等造型艺术，创作和生产往往不能截然分开。

2. 生产

作品是创作的成果，而要把各类作品转化为产品，必须经过生产环节。一方面，文学作品和学术作品一般要借助于报纸、期刊、图书等印刷品以及互联网、移动终端等数字化和网络化平台转化为文化产品。另一方面，作品经过改编、表演等再创作，借助于舞台、广播电视、电影等载体转化为新的文化产品和服务。从本质上讲，文化生产是内容生产，是一种特殊生产形态，所创造的精神文化产品是用于满足人们精神文化需求的，其社会效益应始终放在第一位。

3. 传播

文化产品只有经过市场交换或流通才能成为商品，文化再生产离不开市场交换。但是，文化产品不同于物质产品。文化产品经过市场交换而成为特殊商品，其外壳是文化载体，具有物的形式，内核则是精神文化；其外在形式是市场交换，而在实质上是文化的传播。基于此，把传播而不是交换作为文化再生产的环节，更能体现文化再生产的内涵及其特殊性。

4. 消费

就文化的属性而言，文化消费应从内涵和外延两个层面来分析。文化消费的内涵涉及两个维度:首先,作为公共文化服务保障对象,是指微观层面的文化服务,既包括文化内容消费,又包括文化设施消费,同时又融合于教育、科技、体育等公共领域服务类消费。公共文化服务靠政府主导,以满足服务对象基本文化消费需求,属于文化事业保障行为,参与消费的对象大多属无偿消费行为。其次,指宏观层面的有偿文化服务,人们购买各类以内容为主要消费对象的文化产品或服务来满足其精神需求的一种消费,主要包括电影消费、舞台演出消费、音乐消费和报刊消费等诸多方面。文化消费外延是指通过自主创新、创意设计和内容再开发,加快推动某一个产品或品牌的消费拓展,即"衍生品市场",从而实现"双赢"或"多赢"。

文化再生产的四个环节是相互依存、互为条件的。创作的成果是作品,作品经过生产环节转化为产品,通过传播成为一种特殊商品,最终进入文化消费。文化消费不仅能够影响到人们的价值取向和行为,进而对社会实践产生影响,而且能够激发创作者的创作灵感,同社会实践的源头活水一起,成为创作的丰富资源,使创作者创作出更多的原创性作品,从而使文化再生产周而复始、延绵不断。

四、文化消费模式

文化消费是一种象征性消费。当基本文化需求得到满足时,文化消费将会从物质价值的提炼中上升到精神层面的自我认同感塑造。象征性消费是一种个性化视角,需要产品具有创意性。没有创意的文化是重复的,没有文化的创意是单薄的。好故事是文化内涵和创意表达的最优组合。人生来就理解故事,人类的历史和文化从一定意义上讲是靠故事来传递的。从故事中容易凸显象征意义,挖掘品牌的附加值。例如,瑞士 IWC 万国表业在推出其新款产品 TOP GUN 时,就借用了汤姆·克鲁斯主演的电影《壮志凌云》的故事,将产品与顶级飞行员的卓越成长历程、"壮志凌云"气质联系在一起。

文化消费是一种体验式消费。即消费不再仅仅是一个结果,相反它是一个过程,记忆对于体验享受的回忆是一个长久保存的过程。体验消费那一刻的消费者或惊喜或留恋,这种难忘必定是同时调动了消费者感官的愉悦及思维的认同。体验感设计要考虑主、客观两方面的因素：一方面是场景的真实性，任何场景的设计都要符合该场景自然存在的状态；另一方面是主体的参与性，让进入场景的使用者具有沉浸感、互动感。

文化消费是一种互动式消费。互动不仅体现在文化产品与消费者之间，还贯穿在整个文化生产的全过程，文化产品的创意起点、产品标准、生产模式、分销渠道和消费方式都是建立在供需互动的基础上，这种互动大大激发了文化产业的创造力。社交网络的发达，使得这种互动表达如虎添翼。信息的连接及向外传播的张力营造了或远或近的圈层经济、社群经济，使得文化价值的发现、创造、生产和消费流程得以优化。

文化消费是一种不平衡消费。由于经济发展的因素，文化消费在不同地区的发展状况是不平衡的。经济发展迅速的地区，其文化消费量大、消费结构复杂、层次丰富，在这些地区，文化市场建设的速度也相应要快些；而经济发展相对缓慢甚至落后的地区，其文化消费量低、消费结构简单、层次贫乏，导致文化市场建设速度相对迟缓，投入量很少。上海之所以能建设迪士尼乐园，本质上就是因为其经济发展速度快，文化市场体系的建设速度也十分迅速，上海本地大多数家庭及其周边富庶家庭对文化消费的投入量相对较高，这些都和迪士尼文化的消费结构是相匹配的；而对于经济发展较落后的地区，文化消费结构则明显跟不上迪士尼产品的步伐。

第三节 文化资源

一、文化资源的概念

文化资源是指具有问题特征和人类精神活动的痕迹，具有人文价值和传统价值的资源。文化资源凝结了人类的物质劳动和精神劳动，具有物质形态和非物质形态。总体而言，文化资源可以分为三类，即物质文化资源、非物质文化资源和自然文化资源。文化遗产是文化资源中级别最高的资源，其认定标准和办法由世界组织和国家权威部门负责制定和实施。

文化遗产是过往文化的积淀，而文化产品和服务是满足当下的精神文化需求；收藏、保护、研究文化遗产，被称为公益性文化事业；创作、生产、传播和展示文化产品和服务，被称为经营性文化产业。

文化遗产包括物质形态和非物质形态两种。物质形态的文化遗产包括可移动文物和不可移动文物两类。根据我国文物保护法律法规，可移动文物包括历史上各时代重要实物、艺术品、文献、手稿、图书资料和代表性实物六大类。不可移动文物包括古文化遗址、古墓葬、古建筑、石窟寺、石刻、壁画、近现代重要史迹和近现代代表性建筑以及历史文化名城、街区、村镇九大类。根据我国非物质文化遗产法律法规的规定，非物质文化遗产是指各族人民世代相传并视为其文化遗产组成部分的各种传统文化表现形式，以及与传统文化表现形式相关的实物和场所，具体包括传统口头文学以及作为其载体的语言，传统美术（梅花篆字）、书法、音乐、舞蹈、戏剧、曲艺和杂技，传统技艺、医药和历法，传统礼仪、节庆等民俗，传统体育和游艺以及其他非物质文化遗产。截至2019年，我国已有40项非物质文化遗产入选联合国教科文组织非物质文化遗产名录名册，位居世界第一。

自然资源之所以也能称为文化资源，是因为人类可以从审美的角度挖掘自然资源的价值，而并不是指功利地过度开发自然资源的使用价值。自然景观可以成为审美对象，艺术人文可以点亮自然资源的文化价值。

二、文化资源的构成要素

文化资源是文化产业的发展基础，但并不是所有的文化资源都可以开展产业化经营。文化资源的产业化开发应当是内在的价值系统和外在的符号系统共同作用的结果。符号系统是区域文化形态最显著特征的凝练，具有高度的象征意义。价值系统是区域生活方式和文化符号所承载的精神理念，如红色革命文化资源和黑色工业文化资源。

文化资源是一种客观存在，产业化开发需要的构成要素包括品相要素、价值要素、效用要素、发展预期要素和传承能力要素。品相要素主要涵盖文化特色、保存状态、知名度、独特性、稀缺性和分布范围。价值要素主要涵盖文化价值、时间价值、消费价值、保护等级和关联价值。效用要素主要包括社会效用、经济效用、民间风俗礼仪和资源市场规模等。发展预期要素是指经济发展水平、配套服务能力和交通便利度等。传承能力要素是指资源成熟度、竞争力和资源规模等。

三、文化资源开发现状

我国文化资源的产业化开发虽然取得了令世人瞩目的成就,但其本身依然处于低层次开发水平,存在着一些问题。

(一)我国文化资源产业总体发展水平不高

我国文化资源产业整体发展水平较低。近些年,我国虽然加大了文化建设的经费投入,但人均水平依旧很低。从国家对文化资源的投入来看,2018年人均文化事业经费仅为66.53元,较低的文化事业经费对我国文化资源产业所起的作用有限,极大地限制了我国文化资源产业的开发和保护。而从文化资源产业产出来看,虽然我国文化及相关产业增加值以及占GDP比重逐年稳定增长,但对当年GDP的增量贡献仍然低于全球平均水平。从文化资源的消费来看,全国居民文化娱乐消费支出占比人均消费支出从2014年的4.6%上升到2018年的11.2%,人民群众多样化的精神文化需求日益增长,也在一定层面上揭示了文化产业的供需不平衡现状。

(二)我国文化资源产业缺乏核心竞争力

近年来,我国文化产业虽然发展迅速,但是文化资源产品普遍存在质量不高、同质化严重、生搬硬套、缺乏创意、影响力有限等问题,与欧美等发达国家存在较大差距。例如,大部分电影国产片质量无法与国外电影匹敌,即使有高质量影片也是凤毛麟角。我国每年自行拍摄的电影数量往往是引进影片的几倍甚至十几倍,但是进口片票房却占据了我国40%~50%的电影总票房,而能在国内掀起观影狂潮的国产电影票房冠军也常常在国外票房上表现低迷。例如,在2017年暑期上映的《战狼2》以56.8亿元成为国产电影的票房冠军,但在北美上映后,累计票房仅有106万美元,与国外影片《阿凡达》《泰坦尼克号》和《星球大战》等相比,差距依然悬殊。

（三）我国文化资源保护工作存在不足

文化资源是整个民族重要的宝贵财富，但我国对文化资源的保护工作还存在许多不足。经常有文物建筑因年久失修而遭到破坏，如2016年报道的荆州市重点文物文星楼，因为长时间没有修复，已变得破败不堪，成了流浪乞讨人员遮风避雨的场所。还有很多地区热衷于追求所谓的现代时尚感，拆掉城中的老建筑，造成城中传统文化资源被大量破坏，如北京的"胡同文化"是最具有老北京特色的文化资源之一，可是随着北京市城市现代化建设进程的加速，高楼大厦林立，北京胡同的数量却急剧减少，现如今，类似北京"胡同文化"的我国传统建筑文化已经逐渐成为一种濒危资源。甚至还有一些地方政府为了满足人们的猎奇心理，利用现代的建筑手段，将各国的著名文化遗迹"山寨"到国内，建造廉价的"伪文化"建筑，这些显然都不利于文化资源保护。

（四）新媒体文化资源侵权现象频发

近两年蓬勃发展的短视频产业迎合了移动互联网时代的用户习惯和表达需要，较图片、文字和音频而言，更注重声、光、影的感官刺激，去中心化的交互特质瞄准了信息的碎片化消费，生产流程简单、制作门槛低、流量变现能力强，这些优势整合推动了短视频内容的爆发式增长和传播。与此同时，也暴露出了一些新媒体文化资源开发的问题：①创意性不足。目前的新媒体行业盈利模式主要依赖广告费，眼球经济做主导，催生了大量格调不高、创意不足的内容。②内容沉淀难。互联网时代内容的极大丰富，分散了用户的注意力，使得注意力成了稀缺资源，大量短视频内容缺乏价值内涵，很难沉淀下来，一定层面上也造成了用户黏性的不稳定。③侵权损害严重。短视频融合发展、立体传播的优势方便了优质内容的快速传播，但也扩大了侵权内容的损害范围。主要侵权方式有剪辑类侵权和搬运类侵权。剪辑类侵权主要是使用保护期内版权明确的影视、音频等作品片段进行组合或进行改编、汇编等二次创作，如"X分钟看电影"系列短视频，视频制作者在保留完整情节的基础上，将电影作品剪辑为几分钟的短视频进行评说。北京海淀法院审理的一起短视频侵权案件，认定《第一天的开始，一辈子的坚持》短视频与他人在知乎上的一段文字回答构成实质性相似，侵权成立。搬运类侵权是指未经授权,擅自将短视频作品从一个平台直接"搬运"至另一个平台,有的为掩人耳目可能会换个名称,但不论怎样都属于内容的直接迁移,与一般链接、深度链接及盗链行为有本质区别。例如,B 站的《中国历代疆域变化》系列短视频在声明"禁止二转"的前提下,仍然被多个微信公众号直接搬运。不论是对原创作品的直接搬运还是二次创作,在没有法定免责事由及合法授权的前提下,都会涉及侵犯原作者的权利。这些权利主要包括保护作品完整权、改编权、汇编权、摄制权及信息网络传播权等。

四、文化资源开发对策

(一) 科学地对我国文化资源进行价值评估

我国具有丰富的文化资源,仅文物方面就有 1 000 多万种,戏剧艺术多达 360 多种,而我国 56 个民族中每个民族都有自身丰富多彩的民族文化。合理且科学地评估文化资源价值有助于深入了解文化资源的市场潜力,深度挖掘文化资源的经济和社会效益,是文化资源能够产业化的重要保障。因此,建立一套行之有效、科学合理的评估指标体系尤为重要,指标设计应当具备明确的目的,具有价值的可衡量性、可实现性以及时效性等。

(二) 丰富文化资源创意内容,提升文化资源核心竞争力

好的创意并不是人们随手可得的,必须要深入剖析文化资源本质,挖掘核心价值,精心对文化加以提炼,明确文化定位,结合人类大脑思维的灵感,才可以构思出来。随着科学技术的发展,现在,人们往往可以利用现代网络技术、通信技术、数字技术和人工智能技术等,整合文化资源的文字、图像、声音和影像,丰富其内容和表现形式来构造文化资源的创意。但是,大量地盲目跟风,无法满足消费者对文化的消费需求,也产生不了经济效益。增强文化资源核心竞争力,让文化资源的发展提升社会和经济效益,必须毫不动摇地鼓励和扶持文化资源的创意生产。

(三) 推进文化资源产业与其他科技型产业相结合

文化资源产业的开发可以借鉴现代工业产销结合方式,与传媒业、影视

产业和信息技术产业等现代科技型行业相结合,增强文化产业的新鲜活力和时代感,在挖掘和改造科技型产业的基础上大力弘扬我国文化,同时,借助科技型产业的继续发展来壮大自己,扩大文化资源影响力,优化文化资源配置。例如,故宫博物院跨界开发了大量的文创产品,在推广传统文化的同时也打造了极具市场号召力的文创品牌。大力推进文化资源产业与科技型产业的深度结合,可以培育以文化为导向的主题,使人们通过对该主题的了解和体验,感悟我国传统文化的丰富内涵,既可以使我国优秀文化得以发扬光大,也实现了文化资源的商业价值。

(四) 打造完善的文化资源市场,形成文化资源的保护机制

首先,文化资源产业的发展要市场化,可以采取以政府为引导和监管,企业为推动主体,全社会共同参与的多元文化资源市场投融资体制,拓宽投资渠道,完善融资体制。其次,打造文化资源专业市场,完善文化资源营销体系,形成文化资源产业群落,突破资源约束,推进结构升级,最终达到可持续发展。文化资源产业的发展不是单个企业的发展,而是在一定环境中集群化发展,政府和市场的引导,使文化资源的相关企业自发形成产业群落。最后,也要避免文化资源过度开发,商业上的过度开发会破坏文化资源的精神属性,不利于文化资源的长远发展。

(五) 大力培养文化资源产业开发人才

文化产业不仅要重视文化资源的积累,还要注重人力资源的开发和投入。国家间的竞争是人才的竞争,文化资源的产业化开发也是如此。美国文化产业开发的经验告诉我们,拥有了大量文化产业开发的人才,会大大降低文化资源生产、传播以及管理的成本,更有利于文化资源的保护和传承。由于我国文化资源产业没有形成完善的科学培养人才和广泛吸引人才的有效机制,造成我国文化资源产业管理和开发的高端人才严重缺乏,极大制约了我国文化资源产业化开发的进程。因此,我国可以向文化产业发达国家学习,大力投资建设文化资源产业化开发的学校,培养相关专业人才,加强与国内外优秀文化资源产业开发的大学和企业进行交流,同时,完善国内外相关人才的引进机制,改善我国文化产业人才储备不足的状况。

五、文化资源开发模式

文化资源开发分为基础开发和深度开发两类。基础开发是一种传统型开发，以资源型文化产业和制造型文化产业为发展模式，包括了文化旅游开发模式、主题公园开发模式、节庆会展开发模式和文化地产开发模式等。文化资源的深度开发模式是一种创新型开发，以内容型文化产业和生态型文化产业为发展模式，包括创意产品开发模式、科技创新开发模式、特色产业带开发模式、生态博物馆开发模式等。

（一）文化旅游开发模式

特色文化资源的开发首选模式就是与旅游产业的融合，实施文化旅游开发模式。文化是旅游的灵魂，旅游是文化的重要载体。文化旅游开发模式，可以实现"以文化提升旅游的内涵质量，以旅游扩大文化的传播消费"的综合效益。国家有关部门和地方政府通过联合举办、政策优惠和资金补贴等多种方式支持文化旅游节，打造旅游演艺产品，开发文化旅游产品，打造文化旅游品牌，鼓励旅游度假区的连锁经营。

（二）主题公园开发模式

主题公园是为了满足旅游者多样化休闲娱乐需求和选择而建造的一种具有创意性活动方式的现代旅游场所。根据特定的主题创意，以文化复制、文化移植、文化陈列以及高新技术等手段，以虚拟环境塑造或以园林环境为载体来迎合消费者的好奇心，以主题情节贯穿整个游乐项目的休闲娱乐空间。文化资源开发型主题公园分为名胜微缩、历史再现、文化表现、风情展现、科技娱乐和绿色生态等多种类型，核心就是体验。

（三）节庆会展开发模式

节庆会展开发模式是指以传统节庆、定期会展为载体和平台，在一段时间内通过对区域文化资源的全方位整合和综合性发掘，最终实现节庆经济和会展经济综合效益的文化资源开发模式。节庆会展不仅可以促销产品、展示企业,还能对区域形象的提升和区域品牌的传播起到积极的推进作用。节庆会展开发模式是一种事件经济和活动经济,通过区域总动员的全方位整合,调动区域各要素的综合配置,构建价值网络效应,起到经济的辐射和产业的拉动作用。

(四)文化地产开发模式

文化地产开发模式是房地产业与文化产业的融合模式,典型特征是将文化艺术融入地产开发,以主题社区、文化小镇、艺术商场和旅游地产等形式提高地产业的附加值,是现代服务业的一种创新业态,如以 K11 为代表的文化商城(文化 MALL)。文化地产开发模式是房地产企业转型升级的一种途径,以文化创意资源为竞争力要素实施差异化和品牌化的开发模式,也是文化资源寻求地产载体所尝试的一种文化创新。

(五)创意产品开发模式

文化资源的基础开发是以服务为中心、以空间为载体的文化资源开发模式,文化资源的深度开发是以产品为中心、以渠道为载体的文化资源开发模式。特色文化资源的深度开发需要结合创意、科技等手段,挖掘文化资源的符号象征系统和精神价值系统,通过影视、动漫、音乐和舞蹈等文化产品而实现的开发模式。文化资源的创意产品开发模式是一种可持续、可循环的资源开发模式。

(六)科技创新开发模式

文化资源的科技创新开发模式是以市场牵引、应用驱动为原则,通过技术集成和模式创新,整合文化资源,统筹产业发展,通过文化科技的融合,推进文化资源的创意、生产、传播和消费的数字化、网络化进程,深入挖掘优秀的传统文化资源和深厚的文化底蕴,推动动漫游戏等产业优化升级,打造民族品牌,推动动漫游戏与虚拟仿真技术在设计、制造等产业领域中的集成应用。我国文化遗产积淀丰厚,随着数字化进程的加快,做好文化遗产数据库有利于盘活存量资源、缩短生产周期、提高生产效率,避免技术和艺术的脱节,为文化产品和服务植入文化的"根",也顺应了文化传播多渠道、多载体趋势,提升了中华文明的展示水平。

(七) 特色产业带开发模式

特色产业带开发模式是以特色文化资源为开发对象、以文化产业集聚区为开发形态、以发展特色文化产业为目的的文化资源开发模式。特色文化资源一般是指在某个特殊的民族和区域内独具特色的自然生态资源、民俗风情资源和历史人文资源。特色文化产业包括特色文化旅游、特色工艺美术、特色表演艺术和特色节庆会展等。特色文化资源具有区域集聚性、生态发展性和草根生活性等特点,其开发模式需要借助园区、产业带和特色功能区的空间形态,实现区域内文化资源开发的过程互助、开发的成果共享,如浙江省打造的之江文化产业带。

(八) 生态博物馆开发模式

文化资源的开发采用活态化、生活化和社区化的生态博物馆开发模式,有助于加强人们对文化资源与生态资源的共生关系、文化传统与地理环境的和谐关系的理解。有别于传统文物典藏的博物馆,生态博物馆是将山明水秀的物理场景融入人们行住坐卧的起居空间,打造一座没有围墙的区域性生态系统。文化资源的生态博物馆开发模式属于保护性开发,实现了文化的原生地保护,维护了文化生态的可持续发展。例如,法国的露可颂生态博物馆以矿山和相关产业的文化遗址作为保存对象,十多万居民在区域内生活,游客可以随时与区域内的居民接触、交流。

第二章 ↘ 文化经纪人概述

第一节　文化经纪人的界定与类型

根据中共第十七届六中全会关于文化产业发展的最新精神和文化产业发展新趋势,2012年2月28日,文化部正式向社会发布了《文化部"十二五"时期文化产业倍增计划》,明确提出了"十二五"时期文化部门管理的文化产业增加至少翻一番的目标。伴随着文化产业成为21世纪最有发展前景和最具市场潜力的新行业,被形象地称为"市场催化剂"或"市场润滑剂"的文化经纪人也逐步被人们所关注,其职业成为很多人心目中的"金领职业"。

一、文化经纪人的界定

文化经纪人就是从事文化及相关产业的经纪人。因此,关于文化经纪人的界定主要取决于两个方面:一是文化及相关产业的范围界定;二是经纪人的界定。

联合国教科文组织将文化产业定义为按照工业化标准生产、再生产、储存以及分配文化产品和服务的一系列活动,采取经济战略,其目标是追求经济利益而不单纯为了促进文化发展。

2012年,国家统计局发布了《文化及相关产业分类》,明确规定文化及相关产业是指为社会公众提供文化产品和文化相关产品的生产活动的集合。其范围包括以文化为核心内容,为直接满足人们的精神需要而进行的创作、制造、传播和展示等文化产品(包括货物和服务)的生产活动;为实现文化产品生产所必需的辅助生产活动;作为文化产品实物载体或制作(使用、传播、展示)工具的文化用品的生产活动(包括制造和销售);为实现文化产品生产所需专用设备的生产活动（包括制造和销售）。

《辞海》把经纪人解释为买卖双方介绍交易以获取佣金的中间商人。2004年8月28日，国家工商行政管理总局颁布的《经纪人管理办法》将经纪人界定为，在经济活动中，以收取佣金为目的，为促成他人交易而从事居间、行纪或者代理等经纪业务的自然人、法人和其他经济组织。

综上，将文化经纪人界定为，在文化产品和文化相关产品的生产活动中以收取佣金为目的，为促成他人交易而从事居间、行纪或者代理等经纪业务的自然人、法人和其他经济组织。需要指出的是，定义中的文化产品包括文化货物和文化服务，生产活动包括制造和销售。这个定义可以分为四个层次来理解：一是文化经纪人从事经纪活动的范围是文化产品和文化相关产品的生产活动；二是文化经纪人的主要目的是获取佣金；三是文化经纪人的主要活动方式是居间、行纪和代理；四是文化经纪人中的"人"不仅指自然人，也包含法人和其他经济组织。不难看出，文化经纪活动本身属于文化产业，文化经纪人也属于文化产业从业人员。

二、文化经纪人的类型

关于文化经纪人的分类，我们可以有不同的分类标准。

按照文化经纪主体从事的行业分，可以分为演艺经纪人、艺术品经纪人、出版经纪人、旅游经纪人及其他经纪人。

按照文化经纪人的活动方式分，可以分为文化居间经纪人、文化行纪经纪人和文化代理经纪人。文化居间经纪人是指以本人的名义为他人提供交易机会，或促成他人之间的交易。文化行纪经纪人简称"行纪人"，是指受委托人委托，以本人的名义进行一系列文化活动的行为，并承担相应的法律责任。文化代理经纪人是指受委托人委托，以委托人的名义进行一系列文化活动的行为，并由委托人承担相应的法律责任。

按照经纪人的组织形式，可以分为个体文化经纪人、合伙文化经纪人、文化经纪公司和其他文化经纪组织形式。其中，所谓个体文化经纪人，是指具有民事权利能力和完全民事行为能力，依法登记从事经纪业务的自然人。个体文化经纪人是以自己的名义独立从事经纪活动，并以个人的全部财产承担无限责任。合伙文化经纪人是具有经纪资格证书的两个以上自然人,以经纪人事务所或其他合伙形式从事经纪业务。它是由各合伙人订立合伙协议,共同出资、合伙经营、共享收益、共担风险,并对合伙企业债务承担无限连带责任的营利性组织。文化经纪公司是依据《公司法》成立的从事文化经纪业务,承担有限责任的企业法人,在经登记机关核准的经营范围内从事文化经纪活动。除此之外,由于我国目前文化市场管理尚不十分规范,国内许多广告公司、咨询公司和文化传播公司,还有一些外国个体经纪人或小型公司也见缝插针,介入中国的文化市场从事文化经纪活动。

根据文化经纪人在文化经纪活动中的参与程度不同,我们也可以将其分为"中介型文化经纪人"和"经营型文化经纪人"。前者指的是为各种文化活动牵线搭桥而从中收取佣金的个人或组织;后者指的是具有文化市场开拓能力的"专业型经纪人",他们较之单纯的文化中介更加懂得文化产业运作规律、善管理,能够凭借敏锐的市场意识和善于经营的头脑,发掘市场潜力,并且长期经营某项文化活动,力求延展文化项目的产业链,取得效益的最大化。

第二节　文化经纪人与文化产业

一、文化市场的发展催生了文化经纪人

(一) 客观需要文化经纪人"把关"文化商品的意识形态性

优秀的文化产品能够增长人们的科学文化知识,培养人们树立正确的世界观、人生观和价值观,而劣质文化产品则污染人们的灵魂,降低人们的思想、道德和文化素质,甚至把人引入歧途。任何时代、任何社会都重视精神文化的教化功能,孔子所说的"诗三百,一言以蔽之,曰:思无邪",指的就是这个道理。文化商品在流通过程中体现出来的政治效果、思想效果、道德效果、知识效果、审美效果、娱乐效果以及文化积累效果的总和,才是文化商品获取的总收益。因此,文化经纪人要认清文化商品的特殊性,不能将之等同于一般商品,在经纪活动中不但要追求经济效益,更重要的是将社会效益放在首位。

（二）政府导向型的我国文化市场具有特殊性

我国文化市场是政府导向型的有序竞争的市场,正处在向社会主义市场经济体制转变的过程中。一是基于市场机制的盲目性、自发性的缺陷,必须由政府手段来弥补。二是基于国家的整体战略目标,文化市场的建设必须服从、服务于我国社会主义现代化建设的整体目标。江泽民同志在中共十四大报告中指出:"精神文明建设必须紧紧围绕经济建设这个中心,为经济建设和改革开放提供强大的精神动力和智力支持"。三是基于国际竞争中的文化安全,在全球化,特别是我国已加入世贸组织的今天,这一点显得格外突出。由经济落后导致的事实上的不平等竞争,文化产业尚未形成、市场体系尚未健全、管理机制也未完善的大背景下,只有在政府的主导下,我们才能够做到积极弘扬我国优秀民族文化的同时,有效抵制各种腐朽、没落文化的侵蚀,博采各家之所长,促进民族文化的创新与发展,才能使我们在激烈的国际文化竞争中永远居于不败之地。针对这些特殊性,我国制定了一些有别于其他市场的政策:一是文化市场准入规则,这是各文化市场主体进入市场必须遵循的法规和应具备的条件。比如,举办营业性演出活动,必须符合《营业性演出管理条例》及实施细则的有关规定;设立音像制品连锁经营单位,必须符合《音像市场管理条例》及《音像制品批发、零售、出租管理办法》规定的条件等。二是公平竞争规则,这是各文化市场主体在平等的基础上充分展开竞争的行为准则。比如,《营业性演出管理条例实施细则》关于取消演出市场进入的所有制限制的规定,就是为了给演出市场的各类竞争主体以平等的国民待遇。三是文化市场交易规则,这是各文化市场主体之间交易行为的准则。比如,举办营业性演出活动,各当事方必须签订合同,广告宣传必须真实可靠等。所有文化经纪人都应了解和遵循这些规则,才能做到合法经营,规范操作。

（三）文化市场的经营需要建立经纪人制度

改革开放以来,随着人民生活水平的提高,文化消费结构有了很大变化。不少文艺团体为了摆脱入不敷出的困境,开始走向市场,以图生存和发展。同时,进行管理体制改革和文化产品的调整,树立文化经纪理念也显得必要。

随着经济体制的不断完善,文化市场的繁荣,文艺团体引进了市场机制,改革人事制度和分配制度,解放了文化生产力,一批具有现代经营管理知识和文化素养的文化管理人才和经营人才,特别是经纪人才脱颖而出,将潜在的资源化为财富。文化市场中与经纪人密不可分的主要是演出市场和艺术品市场。

演出市场是以演出服务为主要交易对象的文化市场,是文化市场中结构较为完整的市场,法规也比较健全。演出经纪人是文化经纪人的重要组成部分,是演出市场活跃的群体,在加快演出市场信息的有效传递、密切演出市场生产经营者与消费者之间的联系、促进演出市场资源的合理配置、推动演出市场的规范发展等方面有着不可替代的作用。所谓演出经纪人,简言之,是指在演出市场上为实现演出产品的交易进行中介服务并获取佣金的文化商人。他们虽不是演出产品的生产者,但懂得产品的价值,虽不是演出产品的消费者,但熟谙消费者的消费心理并可以把这种心理转化成实际的消费。随着演出市场的日益发展,演出经纪人地位将越来越突出。

艺术品市场包括画廊、画店、艺术品公司及从事艺术品代理、行纪、拍卖、评估咨询、鉴定及其他中介业务的艺术品经纪机构等。但目前我国艺术品市场的法治建设还不健全,艺术经纪人制度也没有确立,这就造成了艺术品市场中存在私人交易频繁、走私严重、赝品泛滥等弊端。法人资格的经纪人通过宣传、包装、发掘有潜力的艺术家,可以实现艺术家的追求,引导市场的审美倾向,依法进行艺术品交易,可达到艺术市场规范化的目的。因此,通过立法立规的方式完成艺术经纪人制度的确立,是艺术市场法治化的开始。在国际艺术品市场中,由于我们缺乏专业的经纪人,丧失了很多商机。例如,"广州双年展"曾作为国内唯一的参展者第一次参加了国外的艺术博览会,虽然带去的都是获奖的优秀作品,但成交量并不乐观,因为这些作品的作者没有一位有代理经营者,而来自世界各地的买主仅对与有代理权的画廊建立合作关系有兴趣,"广州双年展"的运作目标与博览会客户圈的运作惯例错位。这次教训使经营者认识到艺术品市场经营管理必须建立经纪人制度,采用符合国际惯例的模式。就像批评家吕澎曾提到的"在未来市场里没有代理人和经营者,艺术家的创造是很难社会化的,这是个社会分工的问题"。我国的艺术品市场还刚刚起步,但市场潜力很大,将会有越来越多的经纪人参与。

二、当前我国文化经纪人面临前所未有的发展良机

(一) 文化产业的发展促进了文化经纪人队伍的壮大

改革开放极大地解放和发展了社会生产力,使我国经济取得了飞速发展。中共十六大提出全面建设小康社会,而小康社会的文化含量较大,文化产业在我国大城市的发展尤其迅猛。以北京、上海、长沙为例,其文化产业增加值占全市 GDP 的比重,分别是 4.4%、4.3% 和 5.94%,已呈现出支柱产业的势头。同时,科技和信息产业的发展,也影响到文化产业的形态,如传统的音像业在居民对 VCD、DVD、电脑、投影仪等设备的拥有量急剧增加的条件下,正在迅速地进行技术升级和产业重组,这些都造成了大众娱乐形式的变化,形成了一个又一个新兴的文化市场。这也给文化经纪人带来更多的市场机会。

(二) 文化市场的逐步开放和政府有效的宏观调控,为文化经纪人的发展营造了良好环境

首先,独立自主的文化企业制度在逐步建立。在计划经济条件下,我国绝大多数文化经营单位都是国家机关的附属,人、财、物都由国家统揽统包,既没有自主性,又缺乏积极性。改革开放以来,国有文化经纪单位政企不分的局面有了较大转变,但距建立符合市场经济发展规律的现代企业制度还有相当距离。因此,政府部门正下力气推动国有文化经纪单位的转制工作,同时积极培育非公有制文化市场竞争主体,使各类文化企业,即文化商品的生产者、经营者真正成为自主经营、自负盈亏、自我发展、自我约束的独立法人实体,从而为文化市场的持续繁荣发展建立良好的产业基础。最近颁布的《营业性演出管理条例实施细则》,取消了对演出单位所有制资格的限制,鼓励社会各界参与演出市场的竞争,实行经营与管理分开,经营与经纪分开,对于建立现代演出企业制度起到极大的推进作用。

其次,逐步开放文化市场,民营、个体、外资都可以参与文化市场的建设。文化市场的系统开放性,即文化商品和文化服务的流通、交换,不为不同地域所阻隔,不为行政条块所分割,而是按照市场经济的内在联系,遵循价值规律

的要求。对内是畅通无阻的,对外是有条件开放的。特别是加入世界贸易组织后,这一点显得更加突出。但由于受现行管理体制的制约,我国文化市场被人为地分成了若干块,加上地方保护、部门保护等因素,真正统一的国内文化市场体系尚未形成,这将是今后我国文化市场进一步发展的严重障碍。《营业性演出管理条例实施细则》关于取消所有制壁垒、行业壁垒和地区壁垒的规定,就是为建立统一开放、竞争有序的国内演出市场体系而采取的重大举措。今后,在文化市场的其他领域,也将扩大准入范围,努力打破行业壁垒,反对地方保护和垄断,扩大市场准入,加快市场结构调整和产业重组,提高我国文化市场的整体实力和竞争力。

最后,政府采取有效的宏观调控机制,引导市场合理发展,规避文化经纪人的经营风险。市场能对文化资源的配置发挥重要作用,能够刺激文化生产力的巨大发展,但市场也有自发性、盲目性的缺陷,容易导致文化生产在总量、结构、布局和效益上的失衡。因此,必须采取行政的、法律的、经济的、舆论的等多种手段对文化市场的发展进行宏观调控,以弥补市场自身的缺陷。需要指出的是,健全的宏观调控体系应以经济的和法律的间接手段为主,而以行政的直接手段为辅,同时,调控范围应主要限制在宏观领域。越过了这一点,就会削弱市场经济,甚至变成计划经济。近年来,文化部门在电子游戏经营场所、音像市场、演出市场的管理中采取经济、行政、法律、舆论等手段相结合的办法,有效遏制了市场散乱差、盲目发展的现象,调整了产业布局,市场比例更加趋向合理。这些措施,将引导文化经纪人调整经营策略和经营方向,在一定程度上规避了风险。

(三)国际化趋势为文化经纪人带来发展机遇

从国际上看,世界多极化在曲折中发展,经济全球化步伐加快,综合国际竞争日趋激烈。在这个大背景下,人们对文化及其在经济和社会发展中的特殊作用表现出更多的关注,文化实力已经成为综合国力的主要内容,在许多发达国家文化产业已成为支柱产业。随着加入世贸组织,外国文化资本和产品将会越来越多地进入我国,国际文化交流和合作更加活跃,国家间不同文化的相互渗透和激荡更加激烈,西方发达国家力图凭借经纪实力和大众文化传播的优势,用文化产品占领我国的文化市场。这是挑战也是机遇,我们一方面要保持中华文化的主权独立,抵制外来文化的消极影响,另一方面要大力发展我们的文化产业,提高文化产品的市场竞争力和占有率。在政策层面,我们鼓励国家、集体和个人参加国际文化交流。鼓励各种经济成分的文化力量按照国际惯例,开拓国际文化代理和中介服务市场。因此,我国的文化经纪人面临的不仅仅是国内市场,更是广阔的国际文化市场。信息的国际化、物流的国际化、消费的国际化,都给文化经纪人增加了应战资本。我国的文化经纪人只要以积极的姿态参与竞争,利用国外的先进技术、管理经验和全球性的市场网络,敢于开拓国际市场,相信是能取得巨大经济效益的。

第三节　文化经纪人的管理

从我国文化市场以及文化经纪活动的现状看,由于我国文化市场的形成和发展历史不长,所以,文化经纪活动的发展也还处于起步阶段,文化经纪业务活动的范围和领域相对广泛但又不确定,文化经纪活动的方式和手段也很不规范,经纪活动还远没有纳入程序化和法治化的轨道。因此,目前我国的文化市场和文化经纪活动还存在着无序甚至是混乱现象。诸如,文化市场诚信缺失而造成的恶性竞争,导致大量粗制滥造、格调低下甚至是不健康的文化产品充斥文化市场,致使文化产品质量大幅下降;误场、罢演、虚假宣传、坑蒙观众、演出纠纷以及偷逃税费的现象也屡屡发生;文化中介组织、经纪人的违规操作现象也层出不穷等。因此,加强文化市场和文化经纪活动的管理,进一步规范文化市场秩序和文化经纪人的活动就显得尤为迫切。

对文化市场和文化经纪人的管理可从法律管理、道德管理、行业管理和企业管理等方面着手进行。

一、文化经纪人的法律管理

由于文化经纪人的业务活动较多地涉及法律和道德领域,所以,其树立并强化法律法规和道德观念与意识,加强相关法律法规和道德规范的学习就显得尤为迫切和必要。文化经纪人必须严格按照相关法律的规定,在法律规定的领域或框架内从事文化经纪活动,做遵守法律的模范。

与文化市场有关的法律很多,如《民法通则》《公司法》《税法》《著作权法》《合同法》《消费者权益保护法》等,文化经纪人必须依法从事文化项目的中介活动。

此外,文化经纪人还必须严格遵守和执行各类相关的法规。相关的法规主要有两类,即行政性法规和地方法规。

行政性法规是指国务院依据其职权,按照行政法规的制定程序制定并以国务院令的形式发布实施的,或者经国务院批准由国务院有关部、委、直属机构发布、施行的规范性文件。因为国务院是国家最高行政机关,所以这类法规称为行政法规。例如,1982年国务院批转广播电视部制定的《录音录像制品暂行规定》,1991年《国务院办公厅转发文化部关于加强演出市场管理报告的通知》等。

地方法规是指省、自治区、直辖市人民政府、自治区首府城市、计划单列市、自治州、自治县人民政府等地方人民政府制定的规范性地方性法规文件,如《上海社会文化管理暂行办法》《北京市图书报刊音像市场管理条例》等。对于各类法规,文化经纪人同样必须严格遵守,不做法律法规禁止的项目和活动,做遵守法律法规的模范。

二、文化经纪人的道德管理

经纪人在社会活动中处于中立地位,往往起到纽带和桥梁作用,因其在市场经济发展过程中扮演着重要的角色,经纪组织常被誉为"市场经济的看门人",它的健康发展直接影响到市场经济的深度发展。经纪人从业人员职业道德的缺失会增加交易成本、加大经济运行的摩擦,会影响经纪人自身的信誉和形象,同时还会严重扰乱市场秩序,不利于市场经济体系的建立和完善及各个行业市场的发育。因此,加强经纪人职业道德教育势在必行。

无论在何种情况下,文化经纪人都必须树立良好的道德观念。文化经纪人的个人利益和社会利益都应该是一致的。只要文化经纪人遵纪守法,依法办事,那么,在社会利益增加的同时,个人利益也必然会相应增加。文化经纪人也是社会的经纪人,成功的经纪人绝不仅仅表现为个人利益的不断增加,同时也为社会利益的增加作出贡献。因此,正确处理个人利益与社会利益的关系是成功的经纪人应具备的重要条件。文化经纪人在项目中介活动中,应该具有极强的社会责任心,对客户要诚实,对利益要透明,对工作要精益求精。

因此,文化经纪人不仅要学会对自我行为的约束,而且要不断提高自身的社会觉悟和社会责任感,树立为社会做贡献的思想。一个成功的文化经纪人应该具有自我约束力,同时也能够接受社会的约束。在现实生活中,人们都会受到来自各方面的约束,要协调个人与社会、个人与集体、个人与个人之间的各种错综复杂的社会关系和经济关系。文化经纪人也不例外,只有具有强烈的自我约束力,同时也能适应社会道德约束的经纪人才是成功的经纪人。

1. 自我约束

自我约束要求文化经纪人能够有效地约束自己的行为,使之符合社会的公关秩序。具体地说,文化经纪人要使自己的行为符合社会规范、符合公共道德,而不能使之与公共纪律和行为准则相背离。自我约束要求文化经纪人要以较高的标准要求自己,并在整个行为过程中充分贯彻和体现。

2. 社会约束

社会约束是指公共准则、社会制度、政策法律对文化经纪人形成的约束。文化经纪活动作为一种社会职业,还应该有其职业规则。这些社会约束适用于每一位文化经纪人,可以有效地引导文化经纪人的中介行为,使文化经纪活动符合社会准则。

三、文化经纪人的行政管理

工商行政管理机关作为市场监督管理的主管机关,担负着市场准入、行为规范、合同监管、维护秩序和查处违法等职责。

国务院明确规定,由工商行政管理机关负责"组织管理经纪人、经纪机构"。为推动经纪人管理工作的发展,逐步将经纪人管理工作纳入规范化、法治化轨道,国家工商行政管理局发布了《经纪人管理办法》。这是我国第一部全国性规范经纪人活动的行政性规章。该办法的颁布明确了我国经纪人管理的基本内容和经纪人行为的基本规范,对文化经纪市场的发展和管理具有重要意义。

(一) 文化经纪人行政管理制度

经纪活动作为一种市场经济活动,其主体经纪人必须服从工商行政管理机关和政府有关部门的行政管理。如今,我国各级工商行政管理机关及有关部门对其经营行为进行了较为系统、全面的管理,并形成了切合我国实际的一系列基本管理制度。例如,有关文化经纪人组织形式及活动方式的基本管理制度,国家工商行政管理局颁布的《经纪人管理办法》明确规定,经纪人是指在经济活动中,以收取佣金为目的,为促成他人交易而从事居间、行纪或者代理等经纪业务的公民、法人和其他经济组织。具体说来,经纪人主要有个体经纪人、合伙经纪人和公司经纪人等。经纪活动方式主要是居间、行纪和代理等。

(二) 文化经纪人应遵守的基本规则

国家对文化经纪活动的规范主要包括经纪人经营对象的规范和经纪人行为的规范。

1. 关于经营对象的规范

国家明确规定,凡国家允许进入市场流通的商品和服务项目,经纪人均可进行经纪活动;凡国家限制自由买卖的商品和服务,经纪人应当遵守国家有关规定在核准的经营范围内进行经纪活动;凡国家禁止流通的商品和服务,经纪人不得进行经纪活动。

关于经纪行为的规范,国家明确规定经纪人在经纪活动中,应当遵守以下规则:①提供客观、公正、准确、高效的服务;②将订约机会和交易情况如实、及时报告当事人各方,妥善保管当事人交付的样品、保证金、预付款等财物;③按照约定为当事人保守商业秘密;④将经纪业务成交情况保存 3 年以上;⑤收取当事人佣金应当开具发票,并依法缴纳税费和行政管理费。

对于违反上述有关规则的经纪人,要依照有关法律法规规定处理;法律法规没有规定的,由工商行政管理机关根据情节处以警告、没收非法所得、罚款等处罚。

国家还规定经纪人不得有下列行为：①超越其核准的经纪业务范围；②隐瞒与经纪活动有关的重要事项；③签订虚假合同；④采取胁迫、欺诈、贿赂和恶意串通等手段，促成交易；⑤伪造、涂改、买卖各种商业交易文件和凭证；⑥向当事人索取佣金以外的酬劳；⑦参与国家明确规定的违禁物品、专控商品及其他不允许经纪人从事经纪业务的经纪活动；⑧兼职经纪人员接受与所在单位有竞争关系的当事人委托，促成交易等。

对于有上述违法行为的经纪人，国家法律法规已有规定的，按有关规定处理；法律法规没有规定的，由工商行政管理机关根据情节处以警告、没收违法所得、罚款、责令停业整顿、吊销营业执照等处罚，并可吊销直接责任人员的经纪资格证书。

2. 经纪合同管理制度

经纪合同是经纪行为的具体体现，也是经纪活动的核心，因此，对经纪合同的管理是政府对经纪行为监督管理中的重要内容。《合同法》的有关内容明确规定经纪人承办经纪业务，应当根据业务性质与委托人签订书面居间合同、行纪合同或者委托合同。合同应包括以下内容：①委托人和经纪人的名称或姓名、住所；②经纪的事项、完成的期限和具体要求；③经纪人的权限范围；④佣金的数额及支付的时间、方式；⑤违约责任、纠纷解决方式以及双方认为应当约定的其他事项。

此外，各级工商行政管理机关负责经纪合同的监督管理，制定统一的经纪合同文本，并负责经纪合同的签证工作。

（三）文化经纪人行政管理的主要原则

就我国目前的文化经纪人行政管理部门来说，任何一个行业主管部门除了从行业规范的角度，很难对文化经纪人实施综合性的、动态的管理。为更好地贯彻《经纪人管理办法》，落实文化经纪人行政管理，许多地方政府相继出台了有关文化经纪人管理的地方性法规。

1. 鼓励发展与适度规范相结合的原则

（1）降低准入门槛。所谓低门槛，就是在具备了专业的经纪知识和文化行业知识的情况下,尽可能地放宽进入文化经纪人行业的资格条件。

(2)适度规范。在突出培育发展的同时,始终坚持适度规范,引导文化经纪业有序发展,如明确不予核发文化经纪执业证书的条件;严格规定文化经纪人不得从事经纪活动的范围;设定违法经纪行为的处罚办法等。

2.强化自律与适度干预相结合的原则

(1)强化自律原理。强化对文化经纪人的自律管理,发挥文化行业协会在这方面的作用,不仅符合当前政府职能转变的要求,也符合我国建立市场经济体制的目标,具有十分积极、重要的意义和作用。在这方面,国内外已经积累了许多成功的经验,如赋予文化经纪人协会一定的文化经纪人管理职能等。明确文化经纪人协会的性质、职责,并赋予文化经纪人协会享有部分法定权力,包括负责文化经纪人执业培训的组织工作,颁发文化经纪执业证书,接受投诉,调解文化经纪执业活动中的纠纷,建立文化执业经纪人的信誉档案,并按照文化经纪人协会章程规定对执业文化经纪人进行奖励和惩戒等。

(2)适度干预。在强化自律的同时,规定了适度行政干预的内容。工商行政管理机关作为文化经纪人的主管部门,负责文化经纪执业人员和经济机构的登记注册,对文化经纪执业人员、个体文化经纪人、文化经纪企业进行监督管理,指导文化经纪人协会的工作。

3.权利和义务相结合的原则

(1)经纪人的权利。在已有的经纪人管理的法规中,其对经纪人义务规定得多,对权利明确得少。在实践中,委托人隐瞒真实情况,损害经纪人权益的情况时有发生。如果法律仅保护委托人的利益,而不是或较少地保护经纪人的权益,对进一步促进经纪业的发展是不利的。因此,法规专门规定了经纪执业人员的权利:①经纪人有权要求委托人提供资信状况、履约能力、商品质量等方面真实可靠的资料;经纪执业人员有向委托人了解委托事务真实情况的权力。②委托人隐瞒与经纪业务有关的重要事项、提供虚假情况或者要求提供违法服务的,经纪执业人员有中止经纪业务、建议经纪组织解除经纪合同的权力。③经纪执业人员依法享有保守自己经纪业务秘密的权力。④经纪执业人员有权依法在其执业的经纪合同上签名。⑤经纪组织签订经纪合同时,应当附有执行该项经纪业务的经纪执业人员的签名。⑥经纪执业人员依法享有其承揽经纪业务的执行权。未经委托人和本人同意,经纪组织不得随意变更经纪业务执行人。⑦因经纪行为促成交易的,委托人应当按照约定向个体经纪人、经纪组织支付佣金;没有约定佣金或者约定不明确的,依照《中华人民共和国合同法》和国家有关规定执行。⑧当经纪执业人员的合法权益受到侵害时,可以向工商行政管理机关或者有关行业行政管理部门申诉,也可以向经纪人协会投诉。

(2)经纪人的义务。根据权利和义务相结合的原则,经纪人在享有充分的权利时,应履行必要的义务。经纪人在履行义务时需遵守以下原则:①经纪执业人员不得同时在两个以上个体经纪人或者经纪组织中从事同一行业的经纪业务;②经纪执业人员不得利用执业便利,收取佣金以外的报酬;③经纪执业人员加入或者变更经纪组织的,应当凭经纪组织的证明向核发该经纪组织营业执照的相关行政机关备案,由相关行政机关在其经纪执业证书上加注或者变更其所在的经纪组织的名称;④经纪执业人员应当在核准的经纪业务范围内据实提供经纪服务;⑤经纪执业人员应当向当事人据实介绍经营业绩,并在执业服务说明材料上署名。

经纪人在经纪活动中,应当遵守经纪原则,承担以下义务:①提供客观、公正、准确、高效的服务;②将签订合同的机会和签订合同的情况如实、及时报告当事人各方;③妥善保管当事人交付的样品、保证金、预付款等财物;④为当事人保守商业秘密;⑤记录经纪业务成交情况;⑥法律法规规定的其他义务;⑦经纪人应当依法缴纳税费,对不合法的收费有权予以拒绝。

(3)经纪人的法律责任。经纪人在经纪活动中必须遵守有关法规,对自己的经纪行为承担相关法律责任,涂改、出租、出借、转让经纪人执业证书的,或者超越核准的经纪业务范围开展经纪活动的,责令改正,没收违法所得,处以一定的罚款,并可暂扣经纪执业证书3个月以上1年以下;情节严重的,吊销经纪执业证书。伪造经纪执业证书尚未构成犯罪的,由公安机关依照《中华人民共和国治安管理处罚条例》的规定予以处罚。

尚未取得经纪执业证书的人员、取得经纪执业证书但未领取个体经纪人营业执照或者未加入经纪组织的人员,以经纪执业人员的名义从事经纪活动的,责令改正,给予警告,没收违法所得,并可以处以一定的罚款。

从事国家禁止自由流通的商品和提供的服务的经纪活动的,责令改正,没收违法所得,并可以对个体经纪人或者经纪组织处以一定的罚款;情节严重的,吊销经纪执业人员的经纪执业证书。在经纪活动中弄虚作假或者以非法手段促成交易的,没收违法所得,并可以对经纪执业人员处以一定的罚款;情节严重的,并吊销经纪执业证书。

在经纪活动中牟取不正当利益或侵犯委托人商业秘密,给当事人造成损失的,按照有关法律法规的规定予以处罚,并吊销经纪执业证书。

根据有关规定,经纪人违反法律法规,给当事人造成损失的,应当依法承担相应的赔偿责任。经纪组织承担赔偿责任后,可以向有过错的经纪执业人员追偿。

四、文化经纪人的行业管理

(一) 文化经纪人行业协会

文化经纪人行业协会是从事文化经纪业务的公民、法人和其他经济组织,为共同维护文化经纪事业而组成的自我管理、自我教育和自我服务的社会团体,是经依法登记注册,具有法人资格的非营利性社团组织。

文化经纪人协会在遵守宪法、法律法规和国家政策,遵守社会道德风尚的基础上开展活动。团结、教育引导本地区文化经纪人加强行业自律,完善自身建设,维护合法权益,交流工作经验,沟通服务信息,协调内外关系。增进友谊协作,提高文化经纪服务水平,促进所在地区文化经纪业的健康、有序、快速发展。

文化经纪人协会应接受地方工商行政管理机关和民政部门的业务指导与监督管理,接受政府的宏观管理,贯彻执行党和国家的方针政策,依据协会章程,发挥职能作用,并独立自主地开展工作。文化经纪人协会应履行的职责主要包括组织经纪资格考核,颁发经纪执业证书;维护会员的合法权益;组织经纪执业人员业务培训;制定经纪执业准则,进行经纪执业人员执业道德和经纪执业人员纪律的教育和检查;接受投诉,调解经纪执业人员活动纠纷;按照章程对会员进行奖励和惩戒;对会员的违法行为,向工商行政管理机关和其他有关行业行政管理部门提出处理建议。

（二）文化经纪人行业协会的职能范围

通常,经纪人协会的职能范围主要包括以下内容:①组织开展业务培训,配合政府部门做好文化经纪人资格认定工作;②指导地方文化经纪行业工作,协调会员之间及其与政府有关部门之间的关系;③组织、引导文化经纪人认真学习,正确执行国家有关法律法规、规章和政策,不断增强法制观念,提高业务素质和职业道德水平,完善行业自律措施和手段;④讨论和制定行业规约,表彰先进,处罚违规者,提高行业自律能力等;⑤反映经纪人的意见和要求,调解经纪业务纠纷,为经纪人排忧解难,维护经纪人的合法权益;⑥开展学术研讨,组织经验交流,评审、推荐和奖励有关经纪管理方面的优秀论文和杰出人才,为有成就的会员单位宣传,以提高其知名度;⑦开展对外交流活动,发展与国内外相关组织和社团的友好往来与合作;⑧编印发行行业会刊和有关资料,组织开展会员之间的联谊活动和其他服务活动,丰富和活跃经纪人生活;⑨面向社会企事业单位,根据其生产经营需要,接受委托,提供相关的信息咨询服务;⑩接受政府有关部门的委托和授权,办理特定的事项,行使其行业管理的职能。

（三）文化经纪人行为的自律

文化经纪人活动应注意的事项包括以下内容。

1. 不要从事无证无照经纪

目前,社会上无证无照的经纪活动仍普遍存在,尤以文化、出版、医药等领域最为严重。这种无证无照经纪活动既损害了客户的利益,也损害了国家的利益。无照经纪,"地下经纪"或"黑市经纪",是国家重点取缔和打击的对象。我国经纪人登记管理的主管机关是国家市场监督管理总局和地方各级市场监督管理局,有志于成为经纪人的,应首先到当地市场监督管理局登记,取得合法资格,以保障自己经纪活动的合法权益,使自己将来所从事的经纪事业健康发展。

2. 切忌参与走私商品的中介

没有国家进口许可证,绕过或蒙混海关,将海外商品偷运入境的行为,就是走私行为。走私是我国严厉打击的行为,作为经纪人,要增强法律意识,对进口商品或物资的中介,必须首先辨别其经营的是走私商品还是合法的进口货物,其是否有进口许可证等有关手续。对于走私品,经纪人绝对不能参与中介,而应及时向有关部门举报,尽一个公民应尽的义务。

3. 切忌参与国控物资及国家保密信息的收集与中介

随着我国改革开放的不断深入,国家已经取消了商品的统购统销,但是为了保护市场物价的基本稳定,控制通货膨胀率的非正常增高,维护市场秩序和国家利益,国家仍对少数商品实行限制性经营,如文物的买卖等。因此,经纪人必须随时注意国家或地区颁布的法令和规定。凡规定国有公司专卖、专营和指定单位经营的商品、物资,必须要注意委托方的经营资格。至于国控物资和产品现在还保留多少,应随时掌握。有些文化产品的经营是不能插手的,属于国家机密的信息、产品和原材料,经纪人一定要慎重。即使是牵线搭桥,也要事先征得安全等有关部门的批示。总之,保守国家机密是公民应尽的职责,作为经纪人应该有责任去保守国家机密,遵守国家政策和法令。

4. 禁止参与假冒伪劣商品的中介

目前,在市场中,一些人受个人利益的驱动,生产了许多假冒伪劣商品。这种现象对社会产生了很坏的影响,在某些领域甚至到了真假难分、好坏混杂、劣胜优汰的程度。假冒伪劣商品不仅损害消费者和生产厂家的利益,也损害国家的利益,它们之所以屡禁不止,原因很多,但与流通领域的问题有关。生产假冒伪劣产品的厂家和销售者是真正的投机倒把者,应该绳之以法。如果经纪人参与假冒伪劣商品的中介,使买方和消费者受到伤害,也同样要受到法律制裁,轻者取消经纪执业资格、罚款、赔偿,重者要负刑事责任。

五、文化经纪人的企业管理

文化经纪人受到所在文化经纪组织的管理。

(一) 文化经纪组织的种类

文化经纪组织是指具有企业性质和组织形式的文化经纪公司、文化经纪行和文化经纪人事务所等机构,是自主经营、自负盈亏的法人实体。文化经纪组织可以是全民所有制、集体所有制企业,也可以是私营企业。

合伙经纪组织是指从事经纪业务的合伙企业。合伙企业是企业的一种组织形式,是由各合伙人订立合伙协议,共同出资、合伙经营、共享收益、共担风险,并对合伙企业债务承担无限连带责任的营利性组织。

文化经纪公司是指以公司为组织形式的、从事经纪业务的、负有限责任的企业法人。根据《公司法》规定,公司组织形式有有限责任公司和股份有限公司两种。

(二) 文化经纪组织的作用

1. 分工协作,团体作战

文化经纪活动发生在流通领域中,而流通领域范围广泛、环节众多,经纪组织内部的职能部门进行分工协作、相互配合,使得经纪活动的质量和效率大为提高。经纪组织一般比个体经纪人更会注重自己的信誉和形象,讲求工作效率和职业道德,通常情况下,人们会更相信一个组织,更信赖有组织地进行工作的经纪机构。

2. 保证信用,促进交易

在经纪活动中经常出现的问题是,卖方担心交货后收不回货款,买方则担心预交了款后收不到货,供求双方互不信任,出现商业信用危机。在这种情况下,可以发挥经纪组织的作用。基于买卖双方对经纪组织的信任,经纪组织能有效地发挥保证交易安全,避免出现商业信用危机的作用。

3. 调解纠纷,维护秩序

文化经纪组织可以对合同履行过程中发生的纠纷进行调解,尽管这不属于文化经纪组织职责范围内的事,但如果进行调解至少会有以下好处:

第一,经纪组织对合同内容比较了解,对争议的内容容易提出明确的意见或建议,从而使纠纷得以化解。

第二,由于在经纪活动过程中已与当事人建立了一定程度的信任,经纪组织的调解工作容易得到双方当事人的配合。

第三,经纪组织的经纪人一般对有关的专业知识和法律知识了解较多,容易使协议的调解在合法的基础上达成一致意见,一般不会无原则地调解而造成是非不清,引起双方不满。因此,在合同纠纷的调解过程中,除了国家仲裁机关,也可以发挥经纪组织的调解作用,从而促使经纪活动的有序进行。

(三) 文化经纪组织的设立

经纪组织作为一种法人组织,其设立程序与其他法人组织基本是相同的。经纪组织要取得法人资格,就必须在工商行政管理部门注册登记,领取营业执照。注册登记的内容包括法人名称、住所、经营场所、法人代表、经济性质、经营范围、经营方式、资本金、从业人数、经营期限和分支机构等。经纪组织还应提交组建负责人签署的登记申请书、审批部门的批准文件、组织章程、验资报告、企业主要负责人的身份证明和经营场所使用证明等。

第三章 ↘ 文化经纪人的职能与责权利

第一节　文化经纪人的职能与作用

文化产业发展壮大,离不开政策的支持,也离不开文化资源的多元繁荣,更离不开人民群众日益增强的精神文化需求。文化经纪人链接起了文化资源与文化需求,在优化资源配比、扩大文化传播的过程中发挥的作用越来越重要。

一、文化经纪人的职能

(一) 文化信息服务

文化产业是智力密集和资源密集型的产业,对信息资源要求高,依赖大。在数字环境下,信息溢出效应大,精准化的获取率也变得更加困难,信息的价值受到越来越多的关注。作为文化产业的中介服务人员,文化经纪人充当着信息媒介,应当懂得如何获取信息,如何评价和有效利用所需的信息,实现信息价值的最大化。

1. 信息收集

信息收集是指通过各种方式获取所需要的信息。准确收集是信息得以利用的第一步,也是关键的一步。广泛收集市场信息,可以提高对市场机会的分辨能力,提高对营销要素的控制能力,强化对市场趋势的预判能力,还可以加强对市场风险的防范能力。信息质量的高低会直接影响业务工作的成效。信息收集原则上应准确、全面、高效,信息收集的渠道和方法有很多,主要包括:

（1）社会调查。信息可以分为原始信息和再加工信息两大类。社会调查是收集原始信息的重要渠道，也是获得真实可靠信息的重要手段。社会调查是有意识、有目的地运用观察、询问等方法直接从社会中了解情况，收集资料和数据加以分析的活动，常用方法有问卷调查法、访谈法和实地考察法等。

（2）媒介调查。以往，传统的大众媒介书报刊是专业信息获取的主要来源。随着数字媒介的扩张，信息爆炸性增长，交换空间极大扩容，大量的知识服务项目、垂直媒体和共享社区都可以成为文化经纪人信息获取的渠道。新媒体数据形态多样，与传统数据之间的相互转换增加了互联网文化信息的多样性；实时动态更新，有利于获取当前社会文化发展趋势和热门话题，实现文化传播情报信息收集的精准化和动态化。其主要调查渠道包括企事业单位公开网站，已认证微信、微博，竞争对手或合作伙伴的官网，广播电视等媒体专访、宣传，行业协会官网，公开或半公开发行的报刊。

2. 信息加工

信息加工是指通过判别、筛选、分类、排序、分析和再造等一系列过程去伪存真、去粗取精，挖掘信息价值，满足需求。信息加工是信息利用的基础，也是信息成为有用资源的重要条件。在大数据环境下，$80\%\sim90\%$的数据属于半结构化或无结构化数据，要使这些看似毫无联系的数据发挥价值，必须对其进行结构化整理，挖掘数据间的内在联系，如对文化数据信息的访问历史进行分析，可以推断出文化数据传播者的访问路径和访问偏好，形成用户行为数据库，据此对未来的文化经纪行为做出预测。例如，Netflix 公司通过比对分析平台用户的娱乐消费行为数据和主演粉丝的用户画像数据，事前就判断出《纸牌屋》这样的严肃政治剧的成功。

3. 信息服务

信息服务是文化经纪人将收集、整理加工后的信息准确、及时、完整地传递到委托人手中，完成应尽的职责。做好信息服务，首先，文化经纪人必须了解人们的文化需求和文化消费倾向，了解这些文化需求受到社会经济发展水平和政治、科学等其他一系列因素的影响。其次，文化经纪人必须明确不同层次的目标消费群体，做到有的放矢，满足不同收入阶层和不同偏好消费者的文化生活需要。最后,文化经纪人还应准确把握消费者的文化消费心理,使文化产品适销对路,有效地激发消费者的消费动机和欲望。

(二) 代理服务

代理服务既包括策划、组织、实施各类晚会、娱乐、演出、庆典和节日等文化活动的服务,也包括代理各种文化娱乐经纪活动服务,还包括文化贸易代理服务等。在代理服务中,文化经纪人和委托人之间如果存在委托授权关系,应当按照委托人的授权,代表委托人开展相关文化活动,由此产生的权利和义务对委托人发生效力。代理服务存在的基础是双方签订的委托授权协议,文化经纪人应当在协议范围内利用自身的专业优势帮助委托人达成目标。在整个过程中,文化经纪人都应当在合法合规的前提下,最大限度地维护委托人的权益。

艺术性强的作品,商业价值高,但这并不等于说,商业价值高的产品,艺术价值也高。在代理服务的过程中,文化经纪人应当能够准确地判定某个文化作品的价值,积极推广社会效益和经济效益都比较好的文化产品和项目。

(三) 文化传播

上述前两项职能更多指向的是文化经纪人服务委托人所应当承担的职能,从大的社会环境来看,文化经纪人还应是文化传播的媒介。专业化、职业化的文化经纪人群体是优质文化的策划主体,懂得挖掘国内文化资源的潜在价值,打通传统文化产品进入市场的壁垒,增加民众对传统文化的认知和消费。我国的文化"走出去"战略需要专业化、职业化的文化经纪人群体,需要他们了解中外文化的差异,寻求双方文化的共识点和共鸣点,知己知彼地推动文化传播,提升国家文化的软实力和竞争力。

(四) 版权保护

数字环境便捷了文化资源的分享,也使得侵权现象频频发生。文化经纪人应当懂得版权的价值,并且懂得利用先进技术维护和开发版权的价值。

区块链技术是比特币技术应用的底层技术,是一种分布式数据库,通过去中心化、共识信任的方式,集体维护一个可靠的数据库。去中心化是指整个网络不存在中心管理机构,各节点间权利义务对等,任意节点的损坏或灭失都不会威胁整个系统的正常运作;共识信任是指整个系统遵循公开透明的运行规则,所有数据的记录与传递使用非对称加密和哈希算法来确保真实、不被篡改,从而促成系统各节点间达成一致信任;集体维护是指系统中的数据块由系统所有节点共同维护,运用分布式数据库技术,方便每个参与节点都能及时获得一份完整的数据拷贝。

引入区块链技术对于数字版权的保护是非常有利的,区块链具有不可篡改的特性,可以完整记录作品的所有变化过程,有利于实现版权交易的透明化,版权交易对手方购买版权时不用再怀疑每一笔交易数据的真实性。区块链中的智能合约,可以自动规范所有权利的行使和追溯,降低确权成本,提高交易效率。区块链中共识信任的特点表现为,可以方便作者在统一平台上管理所有的细分版权授权情况,为作品提供更好的曝光机会和交易机会,平台侧链会详细记录用户的每一次付费、阅读及观赏行为,用户据此付费,平台也据此来支付费用给版权所有者,这对于解决我国数字版权保护面临的"确权难、收益难、维权难"等问题是非常有利的。

二、文化经纪人的作用

(一)挖掘优质内容

众所周知,如果没有经纪人克利斯多夫·里特的运作,《哈利·波特》的作者 J.K.罗琳很难凭借一己之力让那位戴眼镜的小巫师风靡全球。《达·芬奇密码》同样也是借助出版经纪人的推荐而火遍全球。信息技术是一把双刃剑,每个受众既可以是内容的制作者,又可以是内容的发布者和阅读者,但是,大量低端同质化内容充斥市场也给文化传播带来了极大的负面效应。文化产业的发展壮大需要大量优质内容吸引用户、留住用户,文化经纪人依靠专业的鉴赏能力以及对市场的了解,对消费者的把握,助力优质内容的脱颖而出。

(二)优化资源配置

文化经纪人的出现有利于进一步扩大文化市场交换的广度和深度,深化文化市场的社会分工,推动信息的有效汇聚,促进文化产品和文化服务合理高效的交易。同时,文化经纪人的出现也有利于进一步加大文化人才的挖掘、培养,增强市场的活力和竞争力,刺激和疏导文化资源的合理配置和优化整合,为文化扩大再生产夯实基础。

(三) 平衡艺术价值和经济价值

文艺创作是创作者认知的表达,打着深深的个性烙印,每一个创作者都渴望公众对其作品能够理解并认可,但并不是每一个创作者都了解市场、了解消费者,文化经纪人可以将这种个人表达通过经济手段赋予再创作空间,提升受众的精神愉悦度;文化经纪人还可以将消费需求及市场状况反馈给文艺创作者,帮助其在创作过程中更快找到艺术和市场之间的平衡点,促进艺术个性与大众共性的双赢。

(四) 跨界融合运营

伴随着新科技革命的深入发展和"互联网+"时代的到来,文化的地位和作用显著提升,文化建设进入了"文化+"和"+文化"的新阶段。这个阶段的突出特点就是"创意、创新"成为文化发展的主旋律,"跨界融合"成为文化发展的关键词。文化经纪人可以通过文化、设计、品牌等内容赋予普通产品好的创意和内涵,使其成为文创产品,各种艺术品、文化旅游纪念品、办公用品和家具日用品等都能成为文创产品,形成自己的传播力。文化产业既是一种特殊的经济形态,又是一种特殊的文化形态,文化经纪人专业化地应用"文化+",有利于增强文化产业的经济效益,运用"+文化"有利于增强其他产业的社会效益。

第二节 文化经纪人的职业素质

随着我国文化产业的迅速发展,文化经纪人的业务范围以"文化创意"为核心,几乎涵盖了文化产业中的 8 大门类:①新闻服务;②出版发行和版权服务;③广播、电视、电影服务;④文化艺术服务;⑤网络文化服务;⑥文化休闲娱乐服务;⑦其他文化服务;⑧文化用品、设备及相关文化产品的服务。但是,文化经纪人素质与能力的参差不齐制约文化产业发展的问题也日益显现。

一个成熟、专业的文化经纪人除了要具备较高业务能力的"硬件",还要有出色的"软件",具体来讲,可以分为专业素质和综合素质两个方面。

一、文化经纪人的专业素质

(一) 专业知识素质

文化经纪是一门交叉学科,涉及领域宽、范围广、产品特殊,要求文化经纪人应具备较广泛的跨学科知识储备以及较高的文化素养和专业素质。文化经纪人专业知识素质要求,如图 3-1 所示。

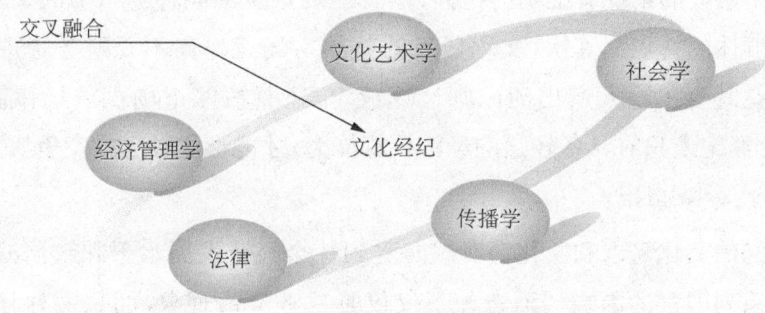

图 3-1　文化经纪人专业知识素质要求

1. 文化艺术学知识

文化经纪人所从事的文化经纪贸易活动是以商品的文化特性为依托,是文化精神和内核的延伸。拥有一定的文化知识储备,了解不同类型文化的特点,能对文化品质和市场需要进行比较,是文化经纪人必须具备的基本素养和能力。文化艺术产品具有明显的意识形态属性,经纪人应当具备较高的思想政治水平和先进的文化理念,知其然更要知其所以然,丰富的专业知识是与文艺创作者展开对话的基础,也是建立富有成效的长期合作关系的前提。雷奈·詹伯尔是 20 世纪前期法国著名的画商,也是一名优秀的艺术经纪人和艺术品鉴赏家。英国著名艺术评论家赫伯特·里德在给詹伯尔所著的《画商詹伯尔日记》作序时指出:"作者在从事艺林商贾生涯的漫长岁月中,已经磨练成为一名艺术'专家',不仅为我们提供了不少重要的瑰宝,也鉴定了不少艺林珍品。而这才是他的实际活动。"千里马常有而伯乐不常有,文化产业核心说到底是优质内容的开发,文化素养、文化品位和文化视角常常决定了文化经纪人的职业敏感度。

2. 经济管理学知识

文化经纪人大多在文化市场中从事中介服务性工作,全面了解并掌握一定的经济学、管理学、营销学、心理学知识是文化经纪人在文化贸易活动中提升竞争力的基础。首先,经济学知识有助于文化经纪人了解市场、捕捉和传递各种与文化市场相关的信息,懂得信息的重要性、时效性和真实性,分析预测市场前景,进行文化产品的设计、创作和生产,制定合理的价格,选择恰当的渠道送达目标市场。例如,出版业经纪人不仅要对书刊发行渠道、销售网络以及出版社的情况有准确的把握,还要准确定位不同种类图书的文化价值和读者群体的特点。其次,文化项目的整体市场运作离不开财务管理,追求经济效益既要按投入产出的原则计算成本,还要按照市场供求规律制定价格,文化经纪人只有具备较强的经济核算能力,才能形成较强的竞争实力。

3. 社会学知识

人们的文化需求和文化消费倾向受到社会经济发展水平和政治、科学等其他一系列因素的影响,"消费并不仅仅是一种经济现象,而是一种复杂的、综合性的经济、社会、政治、心理和文化现象。消费是一面'镜子',它不但从一个侧面反映出了经济体系某个部分的运行机制,而且也照出了文化过程和社会生活的许多'秘密'。"多元文化环境带来了文化消费心理及文化消费行为的复杂性,划分不同层次、不同类型的目标顾客群体,有的放矢,才能激发消费者的消费动机和欲望。

4. 传播学知识

文化的价值在于传播,在不断推广宣传的过程中被大众接受和吸纳。任何一个国家或者民族的文化无不是在一定的交流与开放的基础上才得以发展和壮大起来的。媒介融合发展的今天,文化经纪人要了解各种传播媒介的功能与定位,了解各类群体在不同媒介的表达特质,借鉴世界各国成功的传播手段和路径,灵活地开展文化经纪业务。中国文化走出去不仅仅指高雅文化的传播,大众文化的传播似乎更加重要。大众文化容易形成市场效应,获得市场回报,这些都有助于文化产业形成激励机制和发展动力。因此,文化经纪人需要更加多样的传播路径,更富弹性的传播方法以及更加开阔的传播思路,文化产品价值的最大化才有可能实现。

5. 法律知识

文化市场竞争激烈,专业的法律素养是文化经纪人在文化交易中公平交易的保障,也是文化经纪人为委托人排忧解难的武器。文化产业涉及的门类广,很多产品实际上是所谓的无实体商品,因此,文化经纪人应当熟悉和掌握的专业法律知识不仅包括民法、合同法和知识产权保护方面的法律,还包括文化市场政策法规、经纪人管理法规以及文化领域专属类别,如演出、出版、影视发行等方面的法规制度,守法经营、规避风险。

(二)综合素质

文化市场复杂多变,信息传播高度发达,专业素质的高低更多地决定着文化经纪人职业生涯发展的深度,而综合素质的强弱则决定其职业生涯发展的宽度。综合素质强的人,能够触类旁通,从多方面考虑问题,因而更具发展潜力。

1. 沟通能力

语言和文字作为人与人之间交流沟通的工具,它所传达出来的信息往往能形成人们对新鲜事物的印象以及对于事物的判断和意识。作为经纪主体来说,拥有好的口头能力和文字表达能力能更好地与客户沟通,引发客户的兴趣和了解的意愿。沟通是为了实现明确设定的目标,在个人和群体间传递信息、思想、情感,以求达成共识的过程,包含信息发送者、信息接受者、信息内容、沟通渠道、障碍或噪声、反馈和沟通背景七个要素。沟通时不仅表情要合作、动作要合作、话题也要合作。美国著名心理学家艾帕尔·梅拉别思曾调查分析得出,信息的总效应＝10％的文字＋35％的音调＋55％的面部表情。

文化经纪业务作为一种经济行为,为了保障交易双方及中介人的共同利益,自然无可避免地会涉及合同的谈判与签署。谈判能力是一种商务能力,文化经纪人熟练掌握谈判规则和技巧能在谈判中居于主动,促使谈判达到预期的目的。

2. 协调能力

文化经纪人要有较强的协调能力，在文化市场上更是这样。文化项目往往会涉及许多手续和众多相关部门。就承办一场演出来说，准备工作不仅包括演员的安排、节目的策划、门票的销售和广告赞助等具体工作，还要与公安局、消防局、文化局和工商局等各个部门和相关人员协调。加强委托人与客户之间的协调尤为重要，消息互通可以加强交易双方的彼此信任，减少买卖双方磋商的次数，提高谈判的效率，更好地促进交易的达成。文化经纪人应做到对内形成团结和睦的氛围，对外维护集体和本人良好的社会形象，形成广泛的信息网络，积极整合演艺、艺术品、图书和影视作品在内的多种基本资源及传播渠道。

3. 应变能力

文化经纪活动具有一定的风险性，文化经纪人应具备很强的心理承受能力及应变能力。文化经营风险大，它的成功与否不仅取决于经纪人的努力程度，还取决于一些经纪人无法左右的客观条件。例如，文化市场的供需变化、国家政策的调整、气候和交通状况，这些条件都可能使整个文化活动功败垂成。能准确判断信息的真实性、能冷静地独立思考问题，遇到突发状况时能坚持不懈地去突破困境，是文化经纪人在文化经济浪潮中屹立不倒的法宝。

4. 策划能力

策划意识和策划能力已经成为衡量文化经纪人业务水平高低的重要因素。策划能力强的文化经纪人敢于更新观念，勇于创新，寻求自己的特色和优势，进行准确、恰当的定位。在设计策划方案时，能以科学的策划理论为指导，紧密结合文化产品经纪工作中的新问题和新要求明确目标，设计鲜明的主题，选择恰当的方法，抓住文化产品经纪行业的特点，形成最佳策划方案，使文化产品经纪工作每一步紧密衔接，依次展开。

5. 公关能力

文化经纪人通过一系列公关活动，帮助委托人树立良好的社会形象，提高其社会知名度。公关活动的形式要结合实际，灵活多样，不能以经济收益作为唯一衡量标准。在信息爆炸、流量经济，高强度高效率的发展背景下，文化经纪人的公关能力不仅体现在利用传统广告宣传推广上，还体现在议题的设置能力上。所谓议题设置，就是利用场景呈现、事件策划引发媒体和公众的话题讨论。文化经纪人不仅要懂得借势，还要懂得造势，借势不如造势，借势仅仅解决了品牌露出，造势才是引领文化品牌和文化消费的关键。

社交媒体高度发达能够产生强大的影响力和购买力，但也能够顷刻之间带来毁灭性的打击。"水能载舟，亦能覆舟"，文化经纪人还应具备处理、解决负面影响的危机公关能力，正确使用澄清策略、沉默策略、否认策略、道歉和承担策略、承诺策略、转移注意力策略等危机公关传播策略，始终坚持态度真诚、积极对话、迅速反馈、实事求是和前后一致的应对策略。

第三节　文化经纪人的权利与义务

文化经纪人和委托人之间说到底是一种合同关系，对文化经纪人，坚持权利和义务相结合的原则，既有利于规范业务流程，也有利于保障各方主体权利的实现，促进文化经纪领域的健康和谐发展。

一、文化经纪人的权利

权利和义务相生相伴，权利的实现有赖于义务的正常履行，义务的履行需要享有相应的权利。文化经纪人应当享有的权利主要包括知情权、拒绝权和收益权等。

（一）知情权

文化经纪人依法享有向委托人了解委托事务真实情况的权利。为了保障经纪业务正常有序地开展，有权要求委托人明确授权权限，提供资信状况、履约能力、商品质量等方面真实可靠的资料，如果委托人隐瞒与经纪业务有关的重要事项，提供虚假情况，经纪人员有中止经纪业务、解除经纪合同的权利。

（二）拒绝权

文化经纪人依法享有拒绝委托方要求提供不正当或违法服务的权利。

对于损害国家利益或者人民利益的经纪业务,即使佣金再高,文化经纪人也必须予以终止合同,拒绝服务。

(三) 收益权

文化经纪人有权要求合理的佣金与成本费用。不同的国家有不同的交易制度,基本上对经纪人佣金以及中介的成本费用都有明文规定。文化经纪人完成委托事务有权要求委托人按照约定支付佣金,没有约定或约定不明确的,可以参照《合同法》和国家有关规定。

二、文化经纪人的义务

文化经纪人在享有权利的基础上,应当认真履行法定及约定义务,切实保障委托人权益的实现。

(一) 认真履责

文化经纪人应认真负责地履行其经纪人职责。不论经纪形式有何不同,在法律允许的范围内,经纪人都负有实现和维护委托人利益的职责。文化经纪人应向委托人如实介绍有关经纪事项,不得隐瞒或夸大。完成委托工作后,应及时将相关资料凭证、法律文件转交给委托人。

(二) 未经授权不能转委托

文化经纪人与委托人之间的关系是基于委托人对经纪人的信任而产生的,有较强的人身依附性,经纪人的信誉、知识和能力等都是取得委托权的前提条件,也是实现委托人利益的保证。因此,经纪人接受委托之后,应当亲自完成委托业务,在没有获得委托方授权的前提下不能将经纪事务转委托,损害委托人权益。

(三) 保密义务

文化经纪人在经纪业务过程中不可避免地会接触到委托人的很多相关信息,对其中属于商业秘密的信息以及委托人要求保密的信息,文化经纪人都负有保密义务,非经许可严禁泄露给他人,或与他人勾结,损害委托人的利益。

(四) 依法经纪

文化经纪人在经纪的过程中,应当遵守国家的相关法律法规,不得从事《经纪人管理办法》规定的 11 条禁止行为:①不得未经登记注册擅自开展经纪活动;②不得超越核准的经营范围从事经纪活动;③不得对委托人隐瞒与委托人有关的重要事项;④不得伪造、涂改交易文件和凭证;⑤不得违反约定或者违反委托人有关保守商业秘密的要求,泄露委托人的商业秘密;⑥不得利用虚假信息,诱使他人签订合同,骗取经纪费;⑦不得采取欺诈、胁迫、恶意串通等手段损害当事人利益;⑧不得通过诋毁其他经纪人或者支付介绍费等不正当手段承揽业务;⑨不得对经纪的商品或服务做引人误解的虚假宣传;⑩不得参与倒卖国家禁止或者限制自由买卖的物资、物品;⑪不得有法律法规禁止的其他行为。

(五) 依法纳税

文化经纪人应依法纳税。文化经纪人是个人的,其从事经纪业务所得,根据《个人所得税法》规定属于劳务报酬所得,应按劳务报酬项目的计税规定缴纳个人所得税,适用 20％的比例税率;如果是企业,则应缴纳企业所得税,居民企业适用 25％的比例税率,非居民企业适用 20％的税率,实际执行减按10％。经纪人取得的间接所得,如产品出售的版权所得、音乐版权使用费、明星肖像权和商标使用费等,需要按照特许权使用费纳税。

第四章 ⬊ 文化经纪活动

第一节 文化经纪活动内容

文化经纪活动的内容围绕文化经纪活动的目的展开,包括传递文化市场信息、代表委托方进行谈判、提供专业的文化咨询服务、草拟文化经纪活动相关文件和为文化市场交易提供有效保证等。

一、传递文化市场信息

传递文化市场信息是文化经纪活动的主要内容之一。在文化经纪活动中,文化经纪人受文化市场中供给方或需求方的委托,会带着供给方或需求方的信息去寻找相应的需求方或供给方,并把该信息传递给交易对方,促使买卖双方交流和达成双方交易。交易达成后,文化经纪人或者文化经纪组织则依据文化经纪合同收取相应的佣金。在文化经纪活动的过程中,文化经纪人或者文化经纪组织传递的信息至关重要。

二、代表委托方进行谈判

虽然文化经纪人通过提供信息能够使供求双方产生联系,但在交易过程的某些条件上,双方之间的分歧可能较大。在这种情况下,文化经纪人在委托人的授权范围之内可以代表委托人与交易双方进行谈判。谈判内容如果超越授权范围,文化经纪人必须征得委托人的事前同意,并将谈判情况及时向委托人通报,否则,由此产生的相应法律后果将由文化经纪人自行负责。

三、提供专业的文化咨询服务

在某些情况下，交易者不一定会熟悉文化产品或文化服务交易过程中的一些商务、法律等事宜，而文化经纪人丰富全面的经纪知识以及文化艺术专业知识有助于文化经纪人为交易者提供专业的文化咨询服务。文化经纪人既可以为交易者提供专业咨询服务，又可以协助办理相关手续。例如，为委托方提供法律咨询、反馈文化艺术信息等，或者协助交易者进行文化市场调查等工作。

四、草拟文化经纪活动相关文件

文化经纪人不仅需要具有文化艺术专业知识，还需要熟悉文化交易市场的法律法规以及与文化经纪活动相关的法律法规。在文化经纪活动的若干项工作内容中，还包括文化经纪人需要根据委托方意愿草拟经纪活动中的有关文件这一部分内容。但由于交易文件涉及双方当事人的经济利益，具有法律效力，由文化经纪人代为草拟的交易文件，必须通过与当事人协商而最终确定，并由当事人签名盖章。

五、为文化市场交易提供有效保证

在市场经济条件下，文化经纪人的经纪活动通常可以保障交易安全，缓解买卖双方互不信任的情况。比如，买方可以先将文化产品或服务交易款打入经纪人的账户，由经纪人向买卖双方出具交易款已到的凭证，卖方确认单据无疑后提供文化产品或服务，并出示有关单据，经纪人确认单据无误后将交易款转给买方。这样，买卖双方通过经纪人转交文化产品交易款和相关文化产品或服务，经纪人在其中起了一定的担保作用。但经纪人的这种担保作用不负连带赔偿责任，而是以信誉条件保证交易能够完成。

第二节 文化经纪活动程序

文化产业外延的广泛性使得不同行业范围的文化经纪人的操作规程有明显不同。但是,他们都必须遵守经纪人的基本原则,不同行业范围的文化经纪人的工作程序也有着共同之处。总的来看,文化经纪活动一般会经历如下几个程序。

一、确定文化经纪项目

文化经纪项目来源一般有自己开发、民间邀请和政府委派三大类。文化经纪人一般会选择盈利相对较大的文化经纪项目,在提供文化产品实现社会效益的同时,也实现自身利益的最大化。从盈利情况看,自我开发的和民间邀请的文化经纪项目,大多利润比较丰厚;政府部门的委托项目,大多盈利较低。但承担政府委派的文化经纪项目,可以与政府机构建立良好的合作关系,提高经纪人的知名度,为将来的经纪活动奠定良好的基础。因此,经纪人也会尽心尽力地完成政府机构委托的任务。确定文化项目一般要分几个步骤。

(一) 收集筛选文化市场信息

文化经纪人的工作出色与否,在一定程度上取决于自己是否掌握比别人更多的文化市场信息,文化信息是文化经纪人赖以竞争的宝贵资源和资本,因而,获取和整理文化信息是文化经纪人的一项关键工作。

首先,搜集、获取有用的文化信息。在当前的信息时代,可以从很多渠道获取信息,优秀的文化经纪人必须具备在信息海洋中捕捉最有价值信息的能力。对于文化经纪人来说,需要关注的文化信息一般有国家文化政策、法规信息,文化科技及金融相关信息,社会政治文化动态信息,相关文化市场信息,文化消费群体信息,文化经纪对象及潜在经纪对象的相关信息和文化产业项目信息等。

其次，筛选、加工和整理信息。一般通过分析、归纳、对比等方式筛选出适用信息，再分类排序、存贮、总结评估，把有用的信息按用途归类，用于确定文化经纪对象或业务谈判及其他文化经纪业务领域。

（二）确定文化经纪对象或文化经纪项目

从理论上讲，文化经纪人的业务盈利来自从经纪对象（委托人）和经纪项目的交易活动中所取得的佣金，所以，经纪对象与经纪项目是文化经纪人经纪业务的核心。确定经纪对象与经纪项目的相关工作是全部文化经纪经营业务的开端，经纪对象、经纪项目的选择正确与否，直接关系整个经纪经营业务的成败。从实践中看，确定合适的经纪对象、经纪项目要注意以下几点。

1. 调查文化市场

只有充分了解文化市场，才能了解文化市场需求，较为准确地预测文化市场的广度和深度。文化经纪人应注重收集和整理相关信息，必要时还要进行专项文化市场调查，以确保经纪对象与经纪项目选择的正确性。文化经纪人的经纪对象比较复杂，不同于一般商品流通市场的经纪对象，后者仅限于物质形式的有形产品，而文化经纪对象既可能是文化产品，又可能是文化服务，如一个歌星、某歌舞团、某庆典演出等，都可能成为文化经纪人的经纪对象。那么，作为文化经纪人就必须通过系统、细致的文化市场调查，选取最具市场卖点、最具市场潜力的对象，采取准确的文化市场定位及营销策略，才有可能获得丰厚、持久的回报。

2. 客观评价自身能力和文化市场机会

对当前市场普遍认可的文化项目，人们产生的判断容易趋同，但不可能每个文化经纪人都去经纪同一个经纪对象。比如，电影观众喜欢导演李安的作品，但不可能很多经纪人或机构同时成为李安的指定经纪人。所以，一个心理比较成熟的文化经纪人应客观评价自身能力和社会关系背景，尽可能把握自己能够把握的文化商机，选择适合自己能力的经纪项目。同时，也要客观评价文化市场需求与文化市场机会，不能盲目确定文化经纪对象。

3. 开发潜在的文化市场需求

优秀的文化经纪人应该熟谙文化产品的市场生命周期，能够发现未来的、潜在的文化市场机会。文化市场不同于一般的商品市场,文化市场需求往往以潜在的、游离的状态存在,通过外在力量的强化,这种需求才可能转变成为明确的需求。因此,如何识别、引导、强化、开发潜在的文化市场需求,是文化经纪人获得成功的关键因素。

4. 坚持宁少勿多、宁精勿滥的文化经纪原则

在选择经纪对象时,文化经纪人要根据自己对文化市场的了解程度和自身的实力,选择最有把握的经纪对象,宁少勿多,宁精勿滥。集中精力做好一个项目,比同时做几个项目但又难以兼顾和平衡更为重要。一些大的文化经纪公司对自身的实力和地位过度自信,往往同时开展多个文化项目甚至行业范围分散的多个文化项目,结果其经纪活动的社会效益与经济效益经常低于专业性的经纪公司。

5. 树立品牌形象

文化经纪人应逐渐形成自己的品牌意识,树立自己的品牌形象,也就是制定经纪对象的定位策略,它有助于形成文化经纪人的公众形象,这是一种无形资产商誉。在激烈的市场竞争中,它有助于经纪人获得超过行业平均利润的经济效益。

二、制订文化经纪项目实施计划

确定文化经纪项目后,文化经纪人必须制订详尽的实施计划,主要包括以下几个方面。

(一) 选择合适的文化市场环境

文化市场环境选择的合适与否是整个文化经纪项目成败的前提。文化经纪人选择环境时,既要考虑文化经纪项目推广的效果,又要考虑推出文化经纪项目所要增加的投资。

(二) 评估文化项目的风险、收益

文化经纪人必须评估项目成本,精心安排项目的实施顺序,尽量做到项

目安排周全,使项目收益大于项目成本。

(三) 做好执行与监督工作的计划

在执行项目计划的过程中,文化经纪人必须加强事前和现场的监督,确保文化项目的质量、进度与效益。例如,在演出活动中,要注重舞台灯光设计的别出心裁和独具匠心,场景变化要适应个性的要求,并与节目的主题相一致,完工时间符合计划的规定。在经纪活动中,文化经纪人要对此工作的质量负有全部责任,除了督促相关部门或人员各司其职,还要关注计划的执行进度与工作质量,及时监督检查。因此,执行与监督工作的计划也要做好。

(四) 制订文化市场推广计划

文化经纪项目的成功,很大程度上取决于文化经纪人对文化经纪项目进行广告和宣传的效果。文化经纪人要充分利用各类大众宣传媒介的特色,在电视台、电台、报纸、新闻发布会、网络、微博和微信等多种媒介上进行组合宣传,吸引社会公众的注意力,以争取更多的客户。同时,也要注意广告宣传的适度问题,过度的宣传不仅会增加开支,而且会引起社会公众的逆反心理,损害委托人的形象。

三、筹集项目资金

通常,文化经纪项目经费来源主要是赞助费、广告和项目收入。一般来说,文化经纪人和企事业单位之间横向联系密切,企事业单位提供商业赞助的意愿普遍存在。企事业单位除了支付广告费,也可能直接购买一部分文化产品或演出票作为员工福利或赠送给有关客户。以演出经纪活动为例,演出经纪人可以采用各种方式为赞助单位做广告,如在会场上挂各种标语、由赞助单位领导出场讲话甚至为主要演员献花或颁奖。这既能增强赞助单位员工的荣誉感,提升赞助单位的凝聚力,又能提高赞助单位的知名度,因此,企事业单位都比较乐意支付这类费用。演出经纪人为增加演出收入,会联络几个卖团体票的公关能手来销售尽可能多的门票,然后将余票送入票房零售。

四、制定文化项目预算

每一项文化经纪活动,文化经纪人都需要制定详尽的文化项目预算。文化项目的费用支出有多个栏目,主要包括文化项目的设计、文化活动场所的设备租金和施工费用、工作人员的工资、广告费用的支出、交际费等。由于费用栏目众多,文化经纪人必须尽量控制成本,以确保经济效益。在经济效益许可的情况下,适当增加相关人员的收入,从而调动工作人员的积极性,使大家合作愉快。

(一) 文化项目成本核算的原则

1. 强调投入与产出并重的原则

兼顾文化项目社会效益的前提下,文化经纪人应督促力争投入最少,经济收益最大化。

2. 强调成本开支程序,理性投入的原则

按照国家公共支出理论的划分,区分文化项目业务开支与文化团体的正常经费开支,一般来说,文化项目的成本核算范围应是核算与文化市场有关的文化活动开支及投入,文化经纪人负责严格按照规定的文化项目开支标准和开支范围进行投入。

3. 逐步完善成本核算财务系统的原则

成本核算要求参加核算的各级单位、各项活动过程中,财务信息资料全面、规范,账簿记录健全,做到账账相符、账实相符,核算存在前后呼应、相互衔接关系。

4. 程序简单,方便易行的原则

文化项目开支标准、消耗标准及各种津贴标准应简洁,各种费用成本表格、报表应实用,方法要容易理解,便于操作。不要因为成本核算过于繁琐,需要投入大量的人力、财力,而扭曲了文化项目成本核算的意义。

5. 主动灵活的原则

不同于企业一般物质产品的生产、加工过程,文化经纪人开展的文化经

纪活动形式变化大,不确定因素多,在坚持核算、坚持投入有产出的前提下,对其进行核算时,特殊问题处理应主动灵活。

(二) 文化项目成本核算的一般程序

虽然各文化经纪项目在文化作品、创作形式、创作生产周期等方面存在较大差别,但核算的基本程序大体上相同,主要包括以下程序。

1. 确定文化项目成本核算对象

在文化项目成本核算中,具体的文化项目、文化产品、文化活动,均是成本核算的对象。以演出经纪活动为例,如奥运会的开幕式,歌剧、舞剧的创作演出,单个剧目、节目、曲目的演出,都可成为演出成本核算的对象。

2. 确定文化项目成本开支内容

根据文化项目开支范围的规定,将计入具体核算对象开支的各项耗费,按其用途进行项目的具体分类。确定文化产品成本项目,显示各种成本的经济用途,方便计算、控制与分析文化项目成本。文化项目的直接费用或成本,一般可归结为三个部分:一是创作成本,是指文化团体为了确定文化项目、文化形式、文化产品和文化创作而发生的费用,一般包括创作费用、文化项目筹划费用或筹建费用,文化项目讨论、论证费用,文化项目、文化产品审核费用或再创作费用,文化项目、文化产品相关的成本费用,其他相关成本费用。二是宣传促销与宣传费用(含广告费用)。三是其他相关费用,包括投入的利息支出和相关的行政后勤费用。此外,文化团体为组织文化活动所产生的工资、水电费和办公费等视为间接费用。

3. 确定文化项目成本费用计算期

文化项目成本计算期的确定比较复杂,一般来说,从文化项目策划、计划开始计算,一直到文化项目正式运作结束为文化项目的成本计算期。

4. 制定成本预算

成本预算根据成本核算对象、成本项目和成本费用计算期来制定。文化项目确定后,一般由业务负责人、编创人员、财务等有关部门根据核算对象的具体情况协同制定成本预算。成本预算作为成本开支范围、标准的依据,一旦确定,不可随意变动。

5. 分配与结转文化项目成本

文化项目成本的分配是指把具体文化项目运作发生的成本,如演出项目的成本根据演出的场次进行分配,一般说来,可重复性演出,要在多次演出中分配成本,一次性演出需一次性分配成本。演出剧目、节目、曲目的生产,不像物质产品可一次性分配成本来完成价值转移,文化类产品在使用时有重复性、延续性,其成本往往需要通过多次演出得以补偿,所以演出产品的成本分配,应视具体情况确定。例如,大型歌剧、舞剧、芭蕾舞剧的剧目成本应分配到 30~50 场为宜,而歌舞、折子戏等剧目宜在 20 场之内分配。

6. 考核及分析成本核算效果

将成本核算的实际结果与成本预算进行总额及明细额的比较,可以很容易地发现节支、超支的原因及成本回收速度的快慢。通过成本核算,能强化文化团体和文化经纪人的市场意识,加快收回成本,可以兼顾社会效益和经济效益。

五、业务商谈

文化项目的谈判是文化经纪活动的一项主要内容。从确定项目起,文化经纪人就要与各主管部门、场所设备的提供者、各类工作人员进行谈判,一直进行到整个文化经纪活动结束为止。

(一) 谈判时的报价

价格问题是文化经纪人与合作对象间谈判的核心问题,即文化经纪人的报价是否为对方所接受。在谈判之前,文化经纪人不仅需要调查确定同类文化活动的总利润、同类场所设备的租金和各类工作人员费用的水平,也要深入了解对方信息,如设备或人员的闲置程度等,然后提出一个有依据的、易于为对方接受的报价。通常,文化经纪人的价格谈判不要过于注重一次谈判后收益的多少,而要强调长期合作的效果。

(二) 谈判时要树立良好形象

在谈判过程中,文化经纪人要努力树立精明、宽厚、大度的良好形象。文化经纪人的谈判效果,除了直接的经济收益,还包括经纪人的形象、与各方面的关系和人情等这些将来的、间接的收益,文化经纪人在谈判过程中一定要兼顾这两方面的收益。对文化经纪人来讲,间接收益尤为重要,因为他与外界长期合作的密切程度要超过其他行业的经纪人。

六、签订合同

以文艺演出项目为例,为保障演出过程中各个环节间衔接良好,文化经纪人必须分别与院团机构、剧院场所、音响设备的所有者,所有演出有关人员签订合同。合同内容包括甲、乙双方的责任,履约时间、地点、条件和方式,以及预付定金和违约罚款等条款。

七、执行合同

合同签订之后,就进入了执行阶段。为确保项目的顺利完成,文化经纪人需要加强合同的实施与监督力度。

八、代理权的终止

合同中规定的项目完成后,文化经纪人的代理权终止,或进入下一个文化经纪项目的运作。除了项目完成,还存在文化经纪人的代理权被终止的其他情况。《民法通则》第 69 条规定,有下列情形之一的,委托代理权自动终止:①代理期间届满或者代理事务完成;②被代理人取消委托或者代理人辞去委托;③代理人死亡;④代理人丧失民事行为能力;⑤作为被代理人或者代理人的法人终止。

九、取得佣金

文化经纪人开展文化经纪活动的目的就是获得应有的报酬——佣金。按照惯例,佣金提取的数量标准一般都是按交易成交额的一定百分比来确定。

文化经纪人收取佣金的时间也要在文化经纪合同中规定。一般情况下，文化经纪人完成交易事项后按交易成交额提取佣金，但有时委托人会事先预付一部分佣金或费用，这种情况也要在经纪合同中规定。文化经纪活动中发生的一些费用开支，如果经纪合同中没有明确规定，文化经纪人应在费用发生前告知费用承担方，征得其同意并在费用发生后，及时让费用承担方确认、补偿。

十、总结和评估管理

一个文化经纪项目结束后，文化经纪人应对该项目进行全面的业务总结，主要有以下几个方面的工作。

（一）将有关文化经纪项目档案归档

规范整理与本项目的选择、确定、项目谈判、合同签订以及合同执行的整个过程有关的档案，并存档备查。

（二）总结经验

文化经纪人在每个经纪项目完成后，应及时总结每个项目的特殊之处，并以备忘录或公司内部通信形式进行交流，形成组织内部学习资料，提升组织学习能力。不论经验是成功还是失败，都要总结，其目的是做好以后的项目。

（三）评估文化项目的社会效益和经济效益

关于社会效益的评估，可以从活动知名度、影响力、轰动效应、社会舆论和消费者意见反馈等角度来考察。关于经济效益的评估，可以制定一些经济指标来考察，如成本率（成本费用/佣金收入）、利润率（税后利润/全部毛收入）、周期效益比较（利润额/实际经纪天数）等，周期效益指标越高，经济效益就越好。

（四）建立相应的激励制度

对经纪项目执行人给予奖惩，是文化经纪人激励制度的重要组成部分。

通过激励机制,调动文化经纪组织内从业人员的工作激情,文化经纪人员的素质和业绩可以得到提高。

十一、与客户建立良好的发展关系

文化经纪人的客户关系包括开拓潜在客户和巩固现有客户。经纪人应以长期合作为目的,与客户建立起良好的合作关系。

(一) 不断地开拓和发展新客户是文化经纪人成功的关键

文化经纪人通过与各类新客户建立良好关系,迅速提高自己的知名度。

(二) 与现有客户建立并且始终保持密切的合作关系

与现有客户建立并保持密切的合作关系,可以降低客户的开发成本,在文化市场中树立自己良好的形象。要巩固和维持已有客户,文化经纪人不仅需要具有能取得客户信任的过硬的业务基础,也要有真正帮助客户解决困难的观念基础,只有这样,才能长久地维持委托代理关系。

第三节　文化经纪活动方式

文化经纪活动的运作方式一般包括收集信息、定位市场、开展公共关系、磋商谈判、撮合成交和保证合同的履行等。这里重点介绍文化经纪公司在文化经纪活动运作过程中的公关活动、谈判活动和社会交往。

一、公关活动

文化经纪活动中,由于不占有商品,信息是文化经纪公司所拥有的唯一重要资源,所以,开展公关活动就成为文化经纪公司获取信息和传递信息的重要途径。经纪公司开展和从事公关活动,不仅可以获取信息和传递信息,起到沟通内部与外部环境的联系纽带作用,还能争取更多的委托客户的信任和支持,建立良好的社会形象和社会声誉。文化经纪活动的公关活动包括公关关系策划和公关计划实施两个方面。

(一) 公关关系策划

作为文化经纪公司开展公关活动的起点,文化经纪公司公关策划的成败在很大程度上决定着文化经纪公司公关活动成功与否。文化经纪公司公关策划的主要内容有以下两方面。

1. 调查公司内外部环境,发现公司的优势和不足

调查内容主要包括文化经纪公司在文化经纪市场中的市场份额,公众对文化经纪公司和经纪人的看法,经纪活动成功率,经纪活动的成本费用,并通过对比文化经纪公司的目标形象、自我评价形象与公众评价形象之间的差距,发现自身优势并寻找文化经纪公司目前存在的主要问题。

2. 发现问题后解决问题

文化经纪公司目前存在的公关问题得到确定之后,需要寻找和设计解决问题的方法,通过制定并实施相应的公关计划实现既定目标。公关计划制定要注意具有弹性,留有余地。

(二) 公关计划实施

为文化经纪公司实施公关计划的组织机构有两种,一种是公司内部的公共关系部,一种是公司外部独立的公共关系事务所或公共关系咨询公司。无论选择哪种公关组织,公关活动既与公关部门有关,也与文化经纪公司经纪人、其他职员密切相关。

和任何组织单位一样,文化经纪公司的形象也是文化经纪公司所有员工、所有部门共同努力、通力合作的结果。文化经纪人接受客户委托从事经纪活动的过程,也是文化经纪公司塑造公关形象的过程,因此,培训文化经纪人也是文化经纪公司公关计划工作的一部分。新从业经纪人员首先要进入公司的培训学校,培训合格后方能上岗服务,这些新从业经纪人员上岗 3 年之内一般都是协助文化经纪人办理一些日常文件的写作和收发工作,文化经纪活动业务主要还是由文化经纪人来完成的。

二、谈判活动

所谓谈判,是指由涉及问题的各方为改变相互关系,或就某一事项取得一致意见,运用各种力量和信息,交换意见和进行磋商,以求解决问题的一系列相互交往、相互交涉的活动行为。在文化经纪活动中,谈判是一项极为重要的程序,谈判成功与否在一定程度上决定了经纪活动能否实现。因此,文化经纪公司及文化经纪人必须高度重视谈判工作。文化经纪谈判活动可分为文化经纪人与委托人在交易过程中进行的磋商,文化经纪人接受委托后与交易双方进行的谈判,由文化经纪人参加的买卖双方谈判,签订文化经纪合同的谈判等几种。谈判的方式可分为信函谈判、电话谈判、面对面的谈判和交易所的公开拍卖等。文化经纪谈判一般包括以下五个步骤:

第一,接受客户委托。在接受客户委托之前,文化经纪人应通过各种途径获得委托人的相关信息,搞清楚委托人的意图。除了应搞清楚买方的最高出价和卖方的最低卖出价,文化经纪人还要了解双方的付款方式、交货条件、交货期限、标的物目前的状态、性能及特点等。只有掌握这些情况后,文化经纪人在接受委托时才会心中有数。

第二,寻找交易对象。文化经纪人接受委托后,在专业市场寻找交易对象会非常容易,只要通知有关交易市场的管理部门以公开拍卖的方式进行交易就会很快找到交易伙伴。然而,在各类现货市场寻找交易对象,则是文化经纪人进行下一步谈判的一个前提条件。

第三,报价与还价。寻找到交易对象或交易对象的经纪人后,文化经纪人应将委托人的有关信息完整地通报对方,同时,要通过各种方法和渠道了解对方的心理和需要。这里,文化经纪人所要传达和获取的信息中最为关键的是价格,即报价与还价,如果对方同意文化经纪人的报价,就说明对方有意成交,可以进行深入的交流,有可能就合作达成一致意见,签订合同,从而完成交易过程。如果对方有意成交,但不同意个别条款,在想方设法确认对方的立场后,文化经纪人可以在委托人授权范围进行讨价还价。如果超出了委托人授权范围,文化经纪人应征求委托人的意见,取得授权指令后才能继续讨价还价。此时,文化经纪人不能擅自作主,否则委托人一旦不予接受,后果就要由文化经纪人承担。讨价还价是谈判的关键,双方应据理力争,直到在某一价格水平双方都能满意为止。

第四,成交。当交易双方能够就合作项目达成一致意见时就可以拍板成交。在通常情况下,拍板成交的决策权在委托人,所以在与对方达成一致意见后,文化经纪人应立即向委托人汇报,由委托人最后拍板。有些委托人委托文化经纪人全权代理,或者委托文化经纪人签订的合同属于行纪合同,只要谈判的价格满足委托人的要求,文化经纪人可以代为拍板成交。

第五,签订合同。谈判双方达成一致意见后,应以书面形式将谈判结果固定下来,即签订书面合同,并以此约束各自的行为。只有签订具有法律效力的合同,才能使谈判具有实际意义。需要注意的是,不论委托人是否参与谈判过程,签约工作通常都是买卖双方当事人直接进行的,经纪人可以以第三者的身份参与签约工作,并有权根据所签订的委托合同请求当事人支付一定的佣金,同时将佣金的支付数量标准及支付方式写入合同,以防止成交后文化经纪人被甩掉、利益得不到保障的局面发生。

三、社会交往

文化经纪人在开展文化经纪活动时,需要与方方面面的人员产生联系。以文艺演出项目为例,为保障演出过程中各个环节间衔接良好,文化经纪人必须分别与院团机构、剧院场所、音响设备的所有者、所有演出有关人员接触,不可避免地存在社会交往。社会交往过程中,如何相互介绍、握手、使用名片、打电话和赠送礼品或礼仪卡都有很多讲究。

相互介绍时,文化经纪人要先介绍职位较高的人或重要人物的姓名,姓名只需介绍一次,如果有可能,介绍一些如兴趣、爱好和专长等个人情况。介绍时通常的程序为:把年轻的介绍给年长的,把职位低的介绍给职位高的,把男士介绍给女士,把主人介绍给客人,在不确定身份或地位的情况下,把其他人介绍给你最需要的人。在未被介绍或没有人为你做介绍时,应面带微笑、态度谦逊地主动自我介绍。

握手时,宾主之间,主人先伸手;上下级之间,上级先伸手;老幼之间,年长的先伸手;男女之间,女士先伸手;如对方没有注意这些礼节,文化经纪人先伸手。握手时,一般应脱掉手套以右手相握,用力适度并面带笑容;商务场合,一般不赞成"拥抱式握手",即用双手去握对方手。

使用名片时,出示或接受名片应面带微笑,并双手递上或接受名片,同时应稍稍欠身,以示尊重。出示名片时可以说:"这是我的名片,今后如果有问题,尽管打电话给我。"如果你的职位有变化,出示名片时可以这样说:"这是我的新名片。"如果你想要对方的名片,可以说:"如果方便的话,是否可以给我一张您的名片?"通常是职位高的或年长的先主动出示名片,如果他们没有这样做,文化经纪人应先出示名片,然后再向其索要名片。接受名片时要微笑着说"谢谢",并一定要仔细地看一遍,使对方感到你对他的名片感兴趣,适当时还可以稍加评论。如果自己没有准备或不愿交换名片,可以说:"对不起,我的名片用完了"或者"对不起,我忘带了"。

打电话时,文化经纪人要报出自己的姓名,通话时注意措辞和礼貌,称呼对方要加头衔,不可直呼其名,要询问对方此时通电话是否方便,通话语言要精炼,尽量缩短通话时间,结束通话时要适当总结一下通话内容,放电话时动作要轻。需要注意的是,使用电话一般是预约时间或通知事情,不要在电话中讨论业务或介绍产品和服务。

赠送礼品时,需要注意送礼的客观环境,可选择个人时间,如生日、晋升等时机于合适场合赠送,如果在谈判中送礼,容易被人误解为行贿,要考虑受礼人的喜好,如口味、爱好等,礼品类型和具体选择要符合当地的风俗、习惯,必须遵守有关公司或部门有关赠送礼品的政策或惯例。另外,也要考虑彼此的关系和送礼的理由,有附带条件的送礼是不礼貌的,也容易带来不良后果。送礼仪卡比送礼品更明智,即使在不方便送礼的情况下也可以送礼仪卡。

第四节　文化经纪活动策略

作为文化经纪人,要高效率地为客户服务,说服买卖双方达成协议,尽快成交,不至于半途而废;还要在提高客户经纪效益的同时,思考如何提高自己的佣金,使自己的付出得到更多的报偿等问题。所以,有必要研究文化经纪人在文化市场中的有关策略,当然这一切均应是在遵守道德原则和法律法规的前提下进行的。

一、谈判中的信息策略

(一) 充足的文化市场信息是赢得谈判的基础

在所有的谈判中,信息资料是取得谈判成功的重要基础。文化经纪人要充分占有信息资料,需要做好如下几个方面的工作:①整理和准备好在谈判中要使用的资料。谈判之前要做好几个预备方案或预算,以备在谈判使用时具有说服力。②收集和整理对方情况的信息。主要是了解对方的基本情况、真实需求、谈判的诚意以及对方的谈判权限和底线等。③收集对方谈判人员的个人情况及相关信息。谈判是双方由对立走向协调的过程,谈判人员的工作态度、作风、性格和爱好等都是影响谈判进行的因素。如果收集到这些信息并给出相应的安排和准备,对于谈判成功十分有益。④了解市场因素的变化。主要是了解与经纪对象有关的市场供需情况、市场竞争情况及相关的环境因素的变化。经纪人所掌握的市场信息越丰富,越有利于掌握谈判的主动权,但在谈判中使用信息资料,要做好量与度的控制,在不同的过程中自如地使用适合的信息,才有利于保持一个宽松和谐的谈判气氛。

(二) 获得文化市场信息的技巧

文化经纪人在文化市场中扮演中介人的角色。为了保证中介经营的信誉,提高文化经纪项目的成交率,增强委托方对经纪人的信任,使经纪业务得到充分发展,文化经纪人必须在委托方与第三方成交之前,获得供需双方的详尽信息,只有掌握了第一手材料,方能在与第三方的洽谈中赢得主动,在供需双方中赢得声望,为以后的成功铺平道路。

对于文化经纪人而言,需要调查的市场信息包括:①市场供方或技术成果持有者的信誉保证。随着市场竞争的日趋激烈,个别企业或个人采取非法手段,生产假冒伪劣产品,或在商品质量上以次充好,或缺少售后服务的现象经常出现。这样的现象在文化市场上也层出不穷,胡拼乱凑的演出、录像,低级趣味的图书、娱乐节目屡见不鲜。因此,文化经纪人需对供方的历史、现状、信誉度和知名度等做到心中有数。②供方的文化产品质量或技术成果的可靠性。文化经纪人应将文化产品质量和相应的"质量标准"进行对照,加以检验。例如,如果是演出节目,需要了解演员的历史背景,所在院团的必要证明;如果是图书报刊,需要有国家出版部门的资格认证;如果是音像制品,则要有新闻出版部门、文化部门和广播电视部门三家的发行许可。③文化市场供方产品的价格。要调查供方产品的性价比和市场上同类产品的价格行情,从而做到心中有数。④文化市场供方的售后服务。调查供方是否建立了完善的售后服务系统,如果建立了,还要看该系统的网点分布状况、服务的方式方法及水平等。

对于文化经纪人来说,其获得信息的方法主要包括:①资料收集法。资料收集法是指文化经纪人从报纸刊物、业务简报、会议文件以及业务交流中所提供的文化产业商业行情、市场信息、科研成果等内容里采集和筛选自己所需资料,将这些资料加以分析研究,从而得出更为正确的结论。文化经纪人经常使用间接调查法。②询问法。询问法是指根据调查目的,用口头或书面的方式取得调查结果的一种方法。例如,对文艺成果的可行性调查,就可以向专家口头或书面询问;对供方的产品,也可以通过个别交谈、询问,请消费者或观众填写调查表等途径,取得所需的资料。③观察法。这是一种传统的市场调查方法,简便易行,能比较客观地搜集资料,调查结果更接近实际。采取这种方法,一般不需要和被调查者直接打交道。其缺点是花费时间较多,调查面比较窄,观察到的往往是表象,不能深入了解其内在的本质。就如一些文艺作品,不能因其在某一市场上畅销一时而推断其生命力如何强,也不能因其一时尚未被大众所接受而忽略它。

二、维护自己利益的策略

文化经纪人通过提供良好的服务和合作关系取得佣金,这使得供需双方在成交之前,经纪人的地位举足轻重,双方谁也离不开他。例如,演员不可能直接去找观众要求表演,必须通过经纪人做中介去协调。但是,一旦双方见面后达成协议,经纪人就可能成为多余的人,每个经纪人在中介活动中经常面临这种经历或危险。为了有效保护自己的权益,文化经纪人就必须具备一定的策略。

第一，了解当事人的品质。文化经纪人应当努力了解合作对方的人品、单位性质和信誉。如果对方信誉不好，可以考虑不要再和他打交道，否则会白费力气。

第二，在合作过程中，多对事少对人。如果文化经纪人不能及时了解到对方信誉度如何，特别是对双方都不甚了解时，经纪人的策略就要多对事少对人，将双方符号化，在双方之间传递信息，做好中介人。

第三，尽可能在合作中掌握主动权。文化经纪人在合作中要积极主动地为合作方提供服务，为双方提供有利信息，促进与客户的合作。一般不要安排双方直接见面，更多时候需要文化经纪人在现场参与谈判，这样，经纪人才能掌握好谈判的主动权。

三、赢得谈判的策略

谈判是一个各方观点交换，感情联络，最终基本共赢的人际交往活动的过程。许多人对谈判这种形式还存在误解，认为谈判就是让对方接受自己的行为，甚至认为谈判与战场无异。其实，谈判是一门科学，更是一门艺术。各方通过谈判，阐述观点，形成感情的交流与沟通，达成一个双方能基本满意的协议。文化经纪人的谈判也不例外，通过谈判，在完成委托方交给的任务、本人获得佣金的同时，也使第三方的需要得到了满足。

（一）做好谈判前的心理准备

除了充分了解相关信息是谈判前一种必需的业务准备，谈判前的心理准备也同样重要。

1. 对谈判成功充满信心

文化经纪人对谈判成功充满信心，在谈判桌上就会显示一种良好的精神状态，不但是对自己或伙伴的一种鼓舞，同时也会使谈判对手的心理受到影响。对谈判充满成功的信心，文化经纪人就能积极主动地寻找解决问题的答案。

2. 对谈判中的困难有充分认识

文化经纪人对谈判的艰巨性和可能要遇到的困难要做好充分的心理准

备。任何谈判,解决问题的思路导向一般都是一致的,解决冲突就需要时间和耐性。因此,文化经纪人对谈判的艰巨性要有足够的认识。将谈判看得轻而易举的经纪人,往往难以取得成功,因为,他们在心理上失去了控制。

3. 排除心理因素的干扰

生活在特定社会环境中的人,必然会经常受到社会生活中各种矛盾的困扰,在心理上容易表现为焦灼不安,易于发怒等。文化经纪人如果带着这样的心理去谈判,在心理上会产生不必要的联想,从而影响谈判进程。因此,以健全、健康的心理去参加文化经纪项目谈判,是谈判取得成功的关键因素之一。

(二) 对谈判过程进行有效地调节

谈判过程与任何事物的发展过程一样,表现为开端、发展、高潮直至结束的一个过程。因此,难免会心理紧张。为了消除紧张的心理因素,文化经纪人可以从双方都感兴趣的话题入手,逐步切入项目的主题,尽量使整个谈判过程体现出一种轻松、愉快的气氛。

(三) 有效掌握谈判的发展进度

当双方都适应了该项目的谈判环境之后,谈判就应及时进入主题。双方可先将谈判的主要内容陈述一下,然后确定谈判的共同重点。对于谈判发展进程的把握,关键是如何陈述。

1. 陈述要透彻,表达要清楚

文化经纪人的陈述要条理清晰,切忌东拉西扯,不分主次。

2. 陈述要尽量简练

在介绍情况时,文化经纪人的语言要有很强的概括力。

3. 掌握共同点,缩小分歧

文化经纪人在谈判的过程中,应及时抓住双方的共同点,既为了缩小分歧面,提高协商的效率,又为了增强彼此的理解和好感,增进共识。文化经纪人还需在谈判中及时抓住不同点,这是为了坦诚地面对彼此的不同意见,分析彼此的困难,集中精力寻找解决矛盾的突破口。

（四）控制好谈判高潮

文化经纪项目的谈判高潮是指谈判的交锋状态阶段。文化经纪人对谈判高潮的控制要做好以下工作。

1. 抓住促成交易的时机

在这个阶段，双方提出了条件，基本都暴露出内心的意图，如果文化经纪人能敏锐、恰当地抓住时机，就能尽快地促使问题解决。

2. 控制自己的情绪

谈判进入高潮时，要善于控制情绪。因为谈判交锋时，当事人容易激动，双方也许会提出无理要求，甚至会在语言上无意伤人。在这种情况下，文化经纪人要注意保持头脑冷静，注意用语文明。

3. 活跃谈判的气氛

为了缓和气氛，调节双方紧张的心理状态，文化经纪人可以说一两句幽默含蓄的笑话，也可以协商暂时休会，还可以避其锋芒，先谈一些容易解决的问题，或者适当做出不同程度的妥协，使问题得到圆满的解决。

（五）促成谈判的几项关键策略

一般而言，文化经纪项目谈判中常见的策略有以下几种。

1. 时机运用策略

谈判是市场机会、实力平衡、个人感情等多种因素的交融，而这些因素的最佳平衡点又是动态的，因此，文化经纪人要利用好各种时机，以促成谈判。

2. 利益让步策略

谈判过程中，有时为了其他方面取得更大利益，需要适当做出一些让步。当然，怎么让、让多少，应当是有分寸的。

3. 以诚取胜策略

当文化经纪人态度诚恳、言辞真挚、方式开诚布公、以诚信对待谈判各方时，谈判会收到意想不到的好的结果。

4. 谈判的结束

谈判最终以签订合同或达成协议宣告结束。谈判达成的协议,应用文字的形式确定下来。如有必要,签订协议书前应请法律顾问过目,以避免在以后的工作中引起不必要的争端。

(六) 谈判中的心理误区

1. 隐蔽的假设

由于习惯的心理定式,人们往往对现实易形成种种假设。我们的观念、态度有许多是建立在无意识的隐蔽的假设之上的,而且这些假设十有八九是处于潜意识的状态之中,所以,我们常常对这种假设的存在毫无察觉,许多人还把未经验证的假证当作天经地义的东西。其结果是,在一些错误假设的支配下,人们经常会做出浪费精力甚至带来害处的行为。那么,文化经纪人在经纪项目谈判中经历的错误假设主要表现为以下几个方面:

第一,"我们的方案是唯一公平合理而且切实可行的"的假设。如果文化经纪人的头脑中事先假定仅有一条路,自然就会画地为牢,用自己在心中设置的障碍堵死自己的路。这在认识上是一种形而上学的观点,在心理上是一种偏执癖。文化经纪人应时刻记住,解决任何经纪项目问题,首先,必须允许存在多个方案。其次,要不存偏见地审视这些方案。最后,公平合理地确定一个令各方均能接受的方案。

第二,"我们熟知一切"的假设。文化经纪人在文化经纪项目谈判前已经做了大量的调查,容易认为自己已经非常了解对方了,这种假设使经纪人在谈判中喜欢听自己所希望听的话,从而忽略对方提供的有用信息。文化经纪人必须时刻告诫自己,经纪人并不了解全部,必须倾听对方的意见,只有这样,才能作出正确的决策,采取正确的行为。

2. 对权威盲目崇拜

有些谈判者往往利用人们崇拜名人、领导、长者、专家的心理,拉大旗作虎皮,使对方对他产生敬畏感。由于对权威的盲目崇拜,人们常常接受了不合理的限制而不能自觉。例如权力限制:只有团长、院长才能批准演员是否能组台演出。例如规定限制:我很想同意你的报价,可团里有规定不能这么办。例如技术限制：这是名家执导的片子，或这是某某专家的意见和看法。尽管上述限制都是可以改变的，但大多数人出于对权威的崇拜心理，易于接受限制，于是把这些限制看成既定事实，而不去想办法改变它。有些谈判者也利用人们的这种心理，人为地制造许多限制，一旦文化经纪人为这些限制所蒙蔽，就会在认识上形成偏差，这是对不合理限制的"权威崇拜"。要想克服由于"权威崇拜"而产生认识上的偏差只有一个办法，那就是树立自信心，破除迷信心理，既不要轻信经典，又不要盲从名人，更不要被各种限制所束缚，要坚定自己的信念。

3. 利益陷阱

在谈判时，越是看到有利可图，文化经纪人越要警惕，防止上当，不要因图一时的心理满足而后悔。有时遇到一些有畅销潜力的文化产品，会有几家需求方围着转，可能其中一家会以十分优惠的条件拟定意向，等到把其他几家挤出圈外，他们再一步步来逼经纪人就范。当经纪人满怀信心地去谈判时，一定要提醒自己，不要在不经意中陷入心理误区。

四、处理危机的策略

在市场经济还不大完善、各种法规也不尽如人意的情况下，文化经纪人如何在文化市场中把握形势，保障自己的应得利益，尤为重要。

例如，赵先生在介绍一笔金额达 400 万元的文化活动项目时，委托双方合作得很融洽，再三向他表示感谢，并答应付以厚酬。赵先生有些飘飘然，便不再过问合同的履行情况。结果，委托双方背着赵先生早就签好了合同。由于与委托人、第三方之间既没有文字合同，也没有明确的口头协议，赵先生只能哑巴吃黄连，有苦说不出。信息和关系是文化经纪人的资本，当信息和关系公之于众时，可以说经纪人的使命已经完成；委托方与第三方签订合同时，经纪人已经无足轻重。因此，成功的文化经纪人需要掌握如何处理这种危机的策略。

通常，文化经纪人的经纪活动分为两个阶段，即委托双方见面签订合同前后。在委托双方见面签订合同前，起主要作用的是经纪人，经纪人的自主权较大，因此，把握这一阶段应视为关键。文化经纪人要了解委托双方的相关信息,如供方的货源、设施等条件具备程度如何,需方的需求度如何等,做到心中有数。

作为有从业许可证的文化经纪人,由于有自己的主管部门,收费、履约均有明确的规定,必然会为保障文化经纪人的权益打下良好的基础。但实际的文化经纪项目运作过程中,危机时刻存在,如何预防危机发生呢? 一般来说,要采取以下步骤:

第一步,调查双方的信誉。在合作之前,要对合作方的信誉进行调查。进行大宗交易时,需要联合几个合伙人组成一个利益共同体。当然对这些合伙人也需知根知底,不能盲目轻信。

第二步,收取定金。交易双方达成初步交易意向时,为获得一定的经济保证,文化经纪人可以根据交易金额大小,事先向双方收取一定数额的押金,一般来说,占经纪人所得酬金的1/3。收取押金,对经纪人和委托人双方来说都有利,一方面,会激励文化经纪人全力以赴,促使交易成功;另一方面,在文化经纪人运作出现危机时,押金也是一种安慰。通常,押金由需方提供;当然也不尽然,主要视文化商品的短缺程度、需求量大小等因素而定。除了收取定金,双方进行商务洽谈时,文化经纪人要尽量获得对方许诺的证据,如文字、录音等。

第三步,争取主动。在交易双方见面后或签订初步意向书后,文化经纪人就处于被动地位了,在这时要防止被抛弃就很困难,主要是采取一些措施尽量争取主动权。例如,与双方多见面,多侧面了解进展程度等,这时候不能被动等待,要争取主动,积极去为自己应得的利益工作。

第四步,应对危机。文化经纪人一旦被委托方抛弃,就要考虑补救措施。在这一关键阶段,一切补救措施都要在法律所规定的范围内进行。应对危机,可以采取以下方法:

首先,必须冷静。遇到危机保持头脑冷静,并调查清楚问题出在哪个环节,谁是责任者? 是什么原因导致的? 对于环节各个方面做些了解,并且要直截了当地找当事人,问清原因。

其次,求助于社会舆论。出现危机后,文化经纪人要在自己的关系网络以及社会媒体中披露事由,并且将合同签订前后的详细情况,寄往交易双方关系网络中的成员及社会媒体等。

最后,寻求法律援助。将其向有关部门或法庭控诉,依据法律对其实施制裁。

五、文化经纪包装策略

良好的文化经纪包装可以为艺人树立起独特的品牌形象或某方面的偶像效果,提高市场竞争力,从而创造出高水平的社会效益或经济效益。包装策略主要包括:

视觉冲击包装。让人有与众不同的感觉,给人以强烈的视觉冲击。

亲和力包装。突出亲和力可以拉近与文化消费者的关系,让文化消费者迅速适应并接受。

群体包装。例如,对演艺人员和节目进行集体包装,令人应接不暇,强烈感受其实力。其优点是可以突出实力,缺点是无法突出个人,不适宜推出新的文化产品或文化服务。

轮番轰炸包装。决心对某些文化产品或服务进行重点包装后,在各种媒体上短时间进行密集宣传。

系列包装。按计划有步骤地进行包装宣传,逐步深入,使品牌或经纪对象深入人心。

偶像包装。这是唱片公司常使用的一种包装方法,目的是突出演艺人员的主要优势,树立偶像效果。常用歌友见面会、联谊会、写真集、签售活动和宣传海报、媒体报道等方式进行包装。

特殊包装。突出个性和另类,进行组合宣传包装,有时也会收到良好的效果。

第五章 ↘ 文化经纪人的营销策略

第一节　文化经纪市场营销环境

文化经纪市场营销环境,是指一切影响、制约文化经纪活动的最普遍的因素。任何文化经纪活动都要在一定的文化经纪环境中展开。文化经纪市场营销环境包括文化经纪市场宏观环境和文化经纪市场微观环境。在某种程度上,文化经纪的经营成败取决于能否分析并掌握文化经纪环境的变化,并做出相应反应。

一、文化经纪市场宏观环境

文化经纪市场宏观环境,是指对文化经纪人和文化经纪微观环境具有较大影响力的客观因素的总体,由政治法律环境、经济环境、社会文化环境和科技环境等组成。

文化经纪宏观环境具有客观性、相关性、差异性、不可控性、相对稳定性和可影响性等特征。

客观性是指文化经纪宏观环境是客观存在的,文化经纪人在这样的环境下生存、发展,并受其影响。

相关性是指文化经纪宏观环境是一系列相关因素影响的结果。一国的政策与法律总是影响该国的经济、科技发展速度和方向,经济、科技的发展又会促使一些政策、法律法规的变更,各种宏观因素总是程度不同地相互关联、相互依存和相互制约。

差异性是指不同业务的文化经纪人受不同宏观环境因素的影响,同一种宏观环境因素对不同的文化经纪人影响也不相同。例如,不同的文化业务受不同的行业法规的影响，不同的经济发展水平又影响不同的旅游细分市场。

不可控性是指构成文化经纪宏观环境的因素广泛而复杂多变，文化经纪不可能改变一个国家的法律制度、人口增长和社会习俗等。

相对稳定性是指除了受突发事件的影响（如战争），文化经纪宏观环境在一定时期、一定区域内的状态是稳定的。

可影响性是指文化经纪可以通过对微观环境施加一定的影响，经由微观环境的变化促使某些宏观环境因素向预期的方向转化。

(一) 政治法律环境

政治法律环境与国家制度、法规和政策相联系。政治因素规定了文化经纪的经纪活动行为方向，法律因素规定了文化经纪的经纪活动行为准则。文化经纪人的一切经纪活动，都会受到政治法律环境的制约。

1. 政治局势

政治局势是指国家或地区的政局稳定情况。政局稳定，文化经纪行业的发展就具有了良好的宏观环境；如果政局不稳，发生战争、暴乱、罢工、恐怖袭击和政权更替等政治事件，就会不利于文化经纪活动的开展。因此，特别是对外的文化经纪活动，文化经纪人一定要考虑东道国的政治局势。

2. 形势与政策

一个国家在不同的时期会根据当时的形势需要，颁布相应的政策，制定合适的发展战略，如人口政策、能源政策、物价政策、货币政策和产业发展政策等。一国企业必须按照国家的规定，生产或经营国家允许的产品或服务，从而扶持和促进某些行业的发展，限制另一些行业的发展。因此，一国执政党的路线、方针和政策会影响文化经纪业的发展。以我国为例，1956 年社会主义改造基本完成后，政策上严格管制乃至禁止经纪活动，但改革开放后，各地又陆续制定条例、规章，明确经纪人的法律地位，保护其合法权益，由此可见，经纪业的发展受着国家政策的影响。

3. 国际关系

国际关系是指国家之间的政治、经济、文化、军事等关系。在经济全球化背景下，发展国际经济合作和贸易关系是社会经济发展趋势。随着我国对外

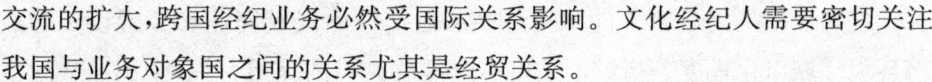

交流的扩大,跨国经纪业务必然受国际关系影响。文化经纪人需要密切关注我国与业务对象国之间的关系尤其是经贸关系。

4. 法律法规

我国除了公检法,涉及经纪业务的管理机构比较多,工商行政管理局、税务局、物价局等部门从各个方面对文化经纪人的业务进行监督和控制,以保护正当交易和公平竞争,促进文化经纪市场有序运行和经纪业的健康发展。

(二) 经济环境

经济环境是指构成文化经纪人生存和发展的社会经济状况。文化经纪人可以从一国或地区所处的经济发展阶段、市场规模和经济特征等因素来考察经济环境。

1. 经济发展阶段

经济发展阶段不同,居民收入不同,委托方和相关方对文化经纪产品的需求层次也不一样,文化经纪人对经纪发展阶段不同的国家或地区需要采取不同的经营策略。根据美国学者罗斯托(Rostow)的"经济成长阶段理论",世界各国经济发展可归纳为五种类型,即传统经济社会、经济起飞前的准备阶段、经济起飞阶段、迈向经济成熟阶段和大量消费阶段。我国现在正在由经济起飞前的准备阶段向经济起飞阶段迈进,市场规模逐渐扩大,投资机会增多,信息竞争成为市场竞争的焦点,文化经纪人应该注意经济起飞阶段市场中的变化,制定合适的运营策略。

2. 市场规模

影响市场规模的主要因素是人口和收入。一般来说,人口的多少决定市场的潜在容量,人口越多,市场规模越大。人口的年龄结构、性别结构、增长率和流动性等特性也对市场规模产生影响。但没有收入的人口并不形成实际的市场,收入状况决定了购买力水平,所以,统计有购买力的人口并分析其变化,才具有衡量市场规模和质量的意义。

3. 经济特征

经济特征是指一个国家或地区的自然经济条件、基础设施和城市化程度等。自然经济条件是指矿藏、水利资源、土地面积、地形和气候等自然资源情况。基础设施是指运输条件、能源供应、通信设施以及商业和金融设施等经济环境。城市化程度是指城市人口占全国总人口的比重,是一个国家或地区经济环境的重要特征之一。城市市场经济相对农村发达,城市居民一般受教育程度高,容易接受新生事物,文化经纪市场也易于开发。

(三) 社会文化环境

一定社会形态下的教育水平、宗教信仰、价值观念以及世代相传的风俗习惯等社会文化环境是影响人们欲望和行为的重要因素。

1. 教育水平

教育水平是影响文化经纪市场的重要因素。首先,影响文化经纪人对目标市场的选择,不同教育水平的国家或地区,对文化经纪产品的需求不同。其次,影响文化经纪人所经纪的商品或服务,教育水平不同的国家或地区的居民和组织,对具体的文化经纪产品或服务的品质、附加功能的要求有差异。通常在某项教育事业上具有明显优势的地区,其居民或组织对该教育事业所影响的商品或服务的品质会提出较高要求。

2. 价值观念

价值观念是指人们对社会生活中各种事物的态度和看法。不同文化背景中的人价值观念差异很大,相同文化背景、不同时代的人价值观念差异也很大。所以,文化经纪人对所经纪的产品或服务制定经营策略时,也要考虑到价值观的影响。

3. 风俗习惯

风俗是指世代相袭固化而成的一种时尚,习惯是指由于重复或练习而巩固下来,并变成需要的行动方式。风俗习惯会影响人们的消费行为和方式,对市场风俗习惯的了解,不但有利于文化经纪人提供经纪产品和服务,而且有利于文化经纪人引导健康的经纪消费理念。例如,演出经纪人开拓异地市场时,若安排一些符合当地民俗的表演节目,会引起观众共鸣并更易开拓市场。

(四) 科技环境

科技环境作为文化经纪宏观环境的一部分,已逐渐成为影响文化经纪行业发展的重要因素。运用新科技而生产创造的新产品和服务,容易引起市场的兴趣。例如,日本动漫业发达的原因之一,在于动漫创作与新科技的结合,美国好莱坞电影的高票房也与高科技制作紧密相关,因此,作为文化经纪人,要密切关注科技环境的变化。

二、文化经纪市场微观环境

文化经纪市场微观环境又称文化经纪人的行业环境,是指与文化经纪活动有密切联系,直接影响文化经纪人业务的各种因素和力量的集合。文化经纪市场微观环境包括文化经纪人自身、委托方、竞争者和其他利益群体(众多潜在相关方)等。

除了与文化经纪市场宏观环境同样具备客观性、相关性和差异性特征,文化经纪市场微观环境还有一些其他不同的特征,如受调控性、相对大的波动性、与文化经纪人间的相互影响性。

文化经纪市场微观环境的受调控性,是指宏观环境因素对它的调控和制约作用。例如,国家政策、法规的调整可以起到规划治理文化经纪市场微观环境的作用。

文化经纪市场微观环境具有相当大的波动性,因为微观环境处于宏观环境和文化经纪人之间,受两者的影响,所以文化市场微观环境的波动性相对更大。

文化经纪市场微观环境与文化经纪人之间相互影响。文化经纪市场微观环境直接影响文化经纪人,宏观环境一般通过微观环境对文化经纪人发挥间接影响,但任何作用都是相互的,微观环境影响文化经纪人时,也会受到它的反作用。

(一) 行业结构与文化经纪组织内部要素

文化经纪市场微观环境因素中最重要的是文化经纪人自身,文化经纪人根据自身所处的具体行业结构来安排经纪组织内部要素的组合。

1. 行业结构

行业是指提供高度替代性产品或服务的一群企业。行业吸引力是决定企业盈利能力的首要因素,行业结构中的各种力量及其竞争强度决定了行业吸引力大小。美国学者迈克尔·波特所建立的行业结构分析模型,指出行业中企业所受到的最主要的五种压力分别来自供应方讨价还价的能力、买方讨价还价的能力、替代品的威胁、潜在进入者的威胁和同行业中竞争者的竞争压力,此行业结构分析模型也称为竞争力模型,如图 5-1 所示。

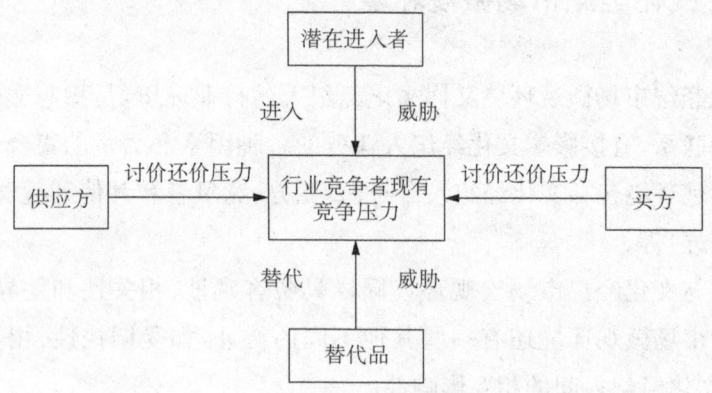

图 5-1　竞争力模型

根据竞争力模型,对文化经纪人所在行业进行行业结构分析。不同于一般的生产型或服务型企业,文化经纪人不参与实际交易,经纪活动中实际交易的是委托方和相关方,相关方来自可能参与实际交易的其他利益群体,文化经纪人面临的是与委托方签约后的委托压力、从其他利益群体中选取相关方的压力及同行竞争者的竞争威胁。文化经纪行业结构模型,如图 5-2 所示。

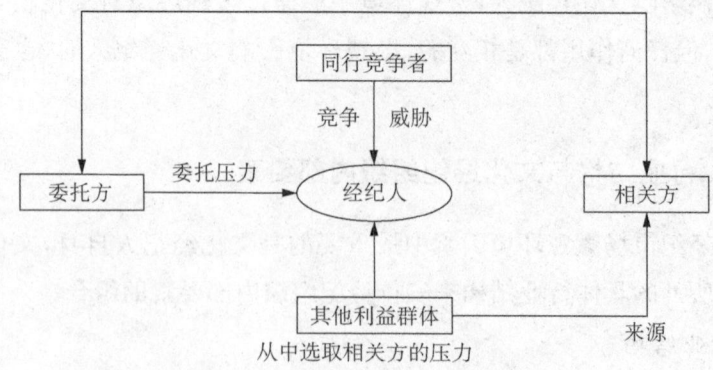

图 5-2　文化经纪行业结构模型

2. 文化经纪组织内部要素分析

文化经纪微观环境中的每个因素都对经纪业务产生影响，文化经纪人可通过调整内部要素，应对来自环境中的压力与威胁。决定文化经纪组织参与行业竞争的内部要素主要有人力要素、财力要素、技术要素和信誉要素等。

（1）人力要素方面。要想适应文化经纪环境，善于捕捉机会并防范风险，文化经纪人需要拥有高素质的经营管理人员、经纪市场分析人员、经纪产品开发人员和经纪业务操作人员，否则容易错失良机或遭遇风险。

（2）财力要素方面。由于文化经纪企业不是生产型企业，所以，财力要素除了资金，文化经纪人也要具备理财能力，既要努力节约经纪成本，又要努力提升经纪利润。

（3）技术要素方面。文化经纪人立足于信息时代，适应科技环境的变化以及应对客户不断提升的需求，必须重视对技术要素的投入，包括技术装备投入与技术人才投入两个方面。

（4）信誉要素方面。经纪企业与生产型企业不同，对于提供中介服务的文化经纪人来说，信誉格外重要。委托人一般借助于了解文化经纪人过去的业绩来判断文化经纪人的服务能力，因而，信誉是文化经纪人的重要资产。与前三项要素的有形资产投入不同，信誉要素的建立和维护只能依靠文化经纪企业文化的建立和诚信教育来实现。

（二）委托方

文化经纪人的委托方是与文化经纪人形成委托代理关系的委托人。他们可能是某种文化商品或文化服务的供应者，委托文化经纪人寻找销路；也可能是某种文化商品或文化服务的需求者，委托文化经纪人寻找商品或服务提供者。也就是说，文化经纪人面对的委托方可能来自买卖双方。

（三）其他利益群体

文化经纪市场微观环境下的其他利益群体是指所有受文化经纪人关注的，可能与委托方实际交易的组织和个人。其他利益群体是文化经纪交易中相关方的来源，会影响文化经纪人的生存和发展，因为，这个群体越广泛，才越有助于文化经纪人完成委托协议，这个群体普遍素质越高，文化经纪交易的实际成功率才越高。

其他利益群体和文化经纪人的委托方一样具有双向性,即他们可能是某一种文化商品或文化服务的供给群体,也可能是需求群体。

(四) 竞争者

竞争是市场经济的基本特性。文化经纪行业内部竞争的激烈程度由一些结构性的因素,如竞争者密度、产品及服务的差异化程度以及市场进入难度来决定。

1. 竞争者密度

文化经纪人的竞争者密度是指同一个行业内文化经纪组织的数量和规模。竞争者密度影响竞争的激烈程度和市场份额的分配,一般来说,从事同种经纪业务的文化经纪组织越多,意味着竞争者密度越大,竞争会越激烈,市场份额的平均占有率也低;若一个行业的文化经纪组织规模很大但数量不多,且各经纪组织实力相当,竞争也会激烈,但市场份额的平均占有率高;若文化经纪人所处行业高度集中,行业内各经纪组织的规模和实力分布不均,则行业竞争者密度小,竞争不激烈,市场份额呈现两极分化现象。

2. 文化经纪产品差异

文化经纪产品差异是指同一经纪行业中,不同的文化经纪组织提供同类文化经纪产品或服务的差异程度。文化经纪产品的差异是影响文化经纪人竞争力大小的决定性因素,经纪产品差异越小,竞争越激烈。与生产型行业不同,文化经纪产品的差异性不是表现在商品或服务的包装等外在因素上,而是表现在文化经纪人提供的信息、交易机会和收取的佣金三个方面。

文化经纪产品是由文化经纪人提供的能满足委托方或相关方需求的信息、关系、交易机会和服务的统称。文化经纪人提供的交易信息是造成文化经纪产品差异的一个重要因素,信息越准确、完备、及时,越有利于委托方和相关方成交,而信息提供得准确、及时与否等,反映了文化经纪人的综合实力。文化经纪人提供的交易机会是否真实有效、能否达成相关方的交易意愿,也是文化经纪产品差异的来源之一,文化经纪人提供的交易机会若使相关方顺利与委托方成交,可以增添相关方对经纪人的信任,使文化经纪人处于有利的竞争位置。文化经纪人收取的佣金也是衡量文化经纪产品差异的标准之一,佣金并非越低越好,文化经纪人需要从高质高价的理念出发,保证服务的水准。

3.市场进入难度

文化经纪市场的进入难度是指新加入者试图加入某个文化经纪行业时所遇到的困难程度。成熟的文化经纪行业进入难度越小,文化经纪人面对的竞争越激烈。我国的文化经纪市场目前还处于起步阶段,市场中现有文化经纪人的数量不是很多,实力也不够雄厚,市场进入难度小,文化经纪市场的竞争还不是很激烈。

文化经纪人自身、委托方、其他利益群体和竞争者四大因素相互联系、相互制约、相互依赖,共同构成文化经纪微观环境。文化经纪人需要全面综合地考虑微观环境各因素的影响,才能适应微观环境,提高自身的生存能力和竞争能力。

第二节 文化经纪市场细分

从市场营销角度看,一种产品会有为数众多、分布广泛的购买者,每一个购买者又具有不同的消费需求。文化经纪企业有必要根据消费者需求特点和行为差异性,将文化经纪业务市场划分为若干个细分市场,使每一细分市场都由具有同类需求倾向的消费者构成,以降低营销成本,提高经纪效益。

一、文化经纪市场细分的概念及作用

(一)文化经纪市场细分的概念

文化经纪市场细分是指文化经纪企业根据消费者需求特点和行为差异性,将文化经纪业务总体市场划分为若干个细分市场,每一细分市场由具有同类需求倾向的消费者构成。因此,文化经纪业务市场细分实际是分析具有不同心理和动机的消费者群体,并加以归类的过程。分属不同细分市场的消

费者对文化经纪业务的需求不同,属于同一细分市场的消费者的文化经纪业务需求相似。

(二)文化经纪市场细分的作用

科学、合理地细分文化经纪市场,对文化经纪企业的成功具有重要意义。

1. 有利于文化经纪企业发掘新的市场机会

市场机会是指文化经纪市场上客观存在的未被满足或未被全部满足的消费需求。文化经纪企业通过市场细分,可以分析和了解各个消费者群的需求满足程度和市场状况,发现未被满足或未被完全满足的消费需求,进而寻求最有利的市场机会。

2. 有利于调整经营策略

文化经纪市场细分以后,每个子市场的消费者需求相似,文化经纪企业可以有针对性地制定市场营销策略,使产品品种、价格、营销渠道和促销手段适合市场需求。此外,细分后的市场信息反馈快,消费者需求动向更易掌握,文化经纪企业可以灵活、迅速地改变营销策略,制定相应的对策。

二、文化经纪市场细分的原则

文化经纪企业在进行市场细分时,须遵循以下原则。

(一)可衡量性

细分后的市场可以识别和衡量。所以,文化经纪市场细分标准应明确具体,使得每个细分市场的范围有明确界定,不仅同一细分市场内的消费者需求特征相近,行为类似,与其他细分市场有明显区别,而且文化经纪企业能据以衡量该细分市场的容量和潜力。一般来说,凡是文化经纪企业难以识别、难以衡量的因素和特征,都不能作为细分市场的特征。

(二)可占领性

市场细分的可占领性,实际是考虑文化经纪企业经营活动的可行性。因

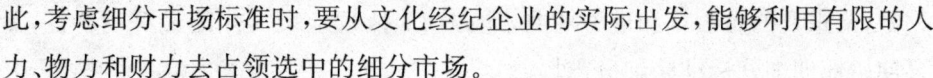

此,考虑细分市场标准时,要从文化经纪企业的实际出发,能够利用有限的人力、物力和财力去占领选中的细分市场。

(三) 差异性

细分后的不同子市场中,消费者需求需要体现出差异性,对营销策略的任何变动都应能做出不同反应。如果不同子市场对文化经纪企业市场营销策略组合的反应相似,就无需进行市场细分,而是把它们当作一个整体市场看待。

(四) 效益性

效益性体现在两个方面:一是文化经纪细分市场的规模具有一定的稳定性,文化经纪企业以某细分市场为目标市场后,该目标市场能为文化经纪企业制定较长时期的经营策略提供基础,避免由于目标市场变动而可能产生的风险;二是细分市场具有一定的市场潜力,能保证文化经纪企业实现利润目标,所以说,市场细分并不是越细越好。

三、文化经纪市场细分的依据

消费者对文化经纪业务需求的差异是文化经纪市场细分的依据,主要体现为地理因素、人文因素、心理因素和行为因素等方面,这些因素都会影响文化经纪企业对市场的细分。

(一) 地理因素

地理因素主要包括区域、气候、行政区域和人口密度等。地理因素将文化经纪市场细分为不同的地理单位,如国家、地区、省、市、城市、农村、沿海和内地等,这些地理因素对消费者的需求、生活方式和行为习惯产生重要影响。这个细分标准相对稳定,容易操作,也便于文化经纪企业开拓区域市场。

地理细分标准可用于细分某些文化产品市场。例如,现场演出类的文化服务,包括音乐会、歌舞剧和体育比赛等,这种产品受到消费者的收入水平、生活方式和交通状况等因素的影响,而这些因素也能通过地理因素体现出来。此外,凡是反映鲜明地域文化的文化产品,也可以使用地理细分标准。

其中,最重要的是语言和地方戏曲,地方戏曲体现地域文化的最鲜明特征,需要使用地理细分标准来细分市场。

(二) 人文因素

人文因素包括性别、年龄、收入水平、文化程度、家庭结构以及规模、职业、宗教和民族等。按照人口因素细分文化经纪市场称为人口细分。人文变量是细分消费者群体的基础,因为消费者的欲望、偏好和使用率经常与人文变量有密切联系,而且人文变量也比大部分其他类型的变量更容易测量。

人文因素是文化产品市场重要的细分变量。例如,年龄,儿童、青少年、中年和老年人对文化产品有不同的偏好,因此,用年龄来细分一些文化产品市场能够获得成功。《瑞丽》杂志就将年龄作为其市场细分的首要指标,国内很多地区的电视台都有专门面向儿童的动画频道或面向少儿的少儿频道等。

教育水平、职业也是重要的细分变量。例如,中国财经报刊领域的一些报纸就成功地使用了教育水平和职业这样的细分变量,《经济观察报》的目标读者是拥有财富、思想、实力与未来的"实力阶层",《21世纪经济报道》面向经济界的高端和中端人群,《中国经营报》则追求文字通俗易懂,更贴近实战。性别也会成为杂志市场的细分标准,尤其是时尚类杂志,作为面向男性市场的时尚类杂志,《花花公子》《男人帮》获得了巨大的成功。

(三) 心理因素

心理因素包括社会阶层、个性和生活方式等。根据消费者心理特征来细分市场称为心理细分。地理因素和人文因素大致相同的消费者群体中,由于个性和生活方式等心理因素的差异,也会导致对商品需求的不同。

消费者的生活方式可通过如下几个方面来衡量:①活动,如消费者的工作、业余消遣、休假、购物、体育和待客等活动。②兴趣,如消费者对家居和服装的流行式样、食品、娱乐等的兴趣。③意见,如消费者对社会、政治、经济、产品、文化教育和环境保护等问题的意见。

例如,随着中国电视领域竞争的日益激烈,中国各地区的卫视开始对中国电视市场进行细分,采用目标市场战略。湖南卫视自1997年推出《快乐大本营》,确立快乐、娱乐的风格;安徽卫视大量播出电视剧的定位,对其早期发展发挥了作用;江苏卫视的《非诚勿扰》节目用"情感"定位吸引了不少观众;北京卫视 2009 年确立"用独播剧立台"的策略。

(四) 行为因素

行为因素包括消费者的购买时机、利益驱动、忠诚度以及对商品的态度等。根据消费者的购买行为细分文化经纪业务市场称为行为细分。

1. 购买时机

可以根据消费者需求产生以及购买或使用产品的时机来细分消费者市场。因为一些文化产品和服务具备一定的时效性,如电影、音乐会及体育比赛等现场演出类文化产品和服务一般会考虑档期,普遍希望在假期播放和演出。所以,时间有时成为一些文化产品和服务的重要细分标准。近几年,国庆档期电影票房数据显示,2014 年,国庆档电影票房累计收入首次迈入 10 亿元大关,2015 年国庆档电影票房累计收入 18.5 亿元,2016 年国庆档略有下跌累计 15.8 亿元,2016 年是十年来国庆档的首次下跌,2017 年国庆档票房 29 亿元,创下历史新高,也是国庆档票房首次突破 20 亿大关。

2. 利益驱动

每个追求利益的群体都有其特定的人文、心理和行为方面的特征。文化产品和服务给人们带来的利益可能会有所不同,利益驱动也可以成为细分标准。比如电视剧有不同的类型,爱情片、家庭伦理片、警匪片、动作片等给人们带来的观赏感受都各有不同。

3. 使用者状况

根据消费者是否使用和使用程度细分市场,市场可被细分为未使用者、曾经使用者、潜在使用者、首次使用者和经常使用者。资金雄厚、市场占有率高的大公司,一般都会注意开发潜在使用者这类消费群,以扩大市场占有率;中小企业资金薄弱,更注重吸引经常使用者。一些文化产品也可以运用使用者状况来细分市场,如电子游戏等。

4. 产品使用率

按照消费者对产品的使用率来细分市场,可分为少量使用者、中量使用者和大量使用者等。大量使用者在实际和潜在购买者总数中的比重一般不大,但商品消费量在消费总量中所占比重却很大,而且产品的大量使用者往往具备某种共同的人格、心理特征和广告媒体习惯,如网络视频根据消费者的使用行为进行会员管理。

5. 忠诚度

品牌忠诚度的衡量标准主要有价格敏感度、购买次数和挑选时间等。价格敏感度越低,一定时间内购买次数越多,挑选时间越短,说明消费者的品牌忠诚度越高。根据品牌忠诚度的高低,消费者可被分为坚定忠诚者、有限忠诚者、游移忠诚者和非忠诚者四类。坚定忠诚者是只忠诚于某一固定品牌的消费者,在行为上表现为消费者毫无例外地只购买某一种品牌;有限忠诚者是忠诚于有限的两三种品牌的消费者;游移忠诚者是开始忠诚于某一品牌,后转移到另一种品牌的消费者;非忠诚者是不忠诚于任何品牌的消费者。文化产品和服务市场通过使用明星效应比较容易产生消费者忠诚度,如一些综艺节目通过明星的加盟提升收视率,并拥有大量的忠诚追随者。

6. 待购阶段

根据人们购买某种产品过程中所处不同阶段对市场进行细分。消费者的待购阶段可分为知晓、兴趣、评估、试用和采用等阶段。

7. 态度

根据消费者对产品的态度细分消费者市场,消费者对产品的态度分为热爱、肯定、不感兴趣、否定和敌意五种。对待不同态度的消费者群体,企业应采取不同的市场营销对策。例如,2017 年浙江卫视推出的《演员的诞生》节目,因为演员袁立的各种爆料引起观众批评声一片,浙江卫视后来不得不更换了一部分导师,希望通过后期加盟的陈可辛导演等影视圈名人来改变观众对节目的态度。

四、文化经纪市场细分的步骤

文化经纪市场细分作为一个过程,需要经过选定细分范围、权衡细分变量、调查潜在顾客(非顾客)的需求、评估细分市场、选择目标市场和设计项目策略等步骤。

（一）选定市场范围

明确某文化行业中产品的市场范围，并以此作为制定市场开拓战略的依据。细分范围取决于多种因素，其中主要包括经纪项目实施主体的人力、财力和物力，项目的目标与任务，项目的目前行业发展状况等。

（二）权衡细分变量

从地理因素、人口因素（包括性别、年龄和收入等）、心理因素和行为因素等方面列出影响文化产品和服务市场需求以及顾客购买行为的各项变量，明确这些细分变量对项目市场细分所起的重要作用。细分变量使用不当，可能会使细分结果与市场的实际情况相差较远，可能导致文化经纪项目决策的失误。

（三）调查潜在顾客（非顾客）的需求

文化经纪人对不同的潜在顾客进行抽样调查，并对其所列出的需求进行评价，了解顾客的共同需求。在文化经纪项目调研中，对文化经纪项目市场状况进行数据的收集、整理和分析后，整体市场情况文化经纪人已经大致了解。为进一步了解细分市场，可以进行小规模的市场调研，分析潜在顾客，即现实"非顾客"的不同需求。通过分析这些"非顾客"和现有顾客的关键共同点，确定哪些潜在的非顾客可以成为将来文化经纪项目现实的顾客。

（四）评估细分市场

根据潜在顾客（非顾客）的小型市场调查，分析和评价各个子市场。影响文化经纪市场吸引力的因素包括同行竞争者、替代品、委托方和相关方等。评价和认可某个目标市场的规模、成长性和结构性吸引力的同时，也要考虑目标市场与文化经纪企业自身战略目标、资源和能力水平的匹配性程度，来确定是否可以进入该市场。

（五）选择目标市场

选择目标市场，即通过加权平均法综合考虑各相关因素并加以评估，从而众多现实的子市场和潜在市场中整合出所策划项目的市场。文化经纪项目的目标市场,应将具有适当现实规模和相当市场潜量的子市场作为优先备选市场。

(六) 制定相应的营销策略

目标市场确定后,制定出价格策略、产品策略、渠道策略和促销策略的营销策略组合。

第三节 文化经纪目标市场选择、定位、策略与营销管理

文化经纪市场细分之后,存在众多的子市场(包括现实的和潜在的),需要选择目标市场。目标市场选择,就是根据文化经纪企业的自身情况和市场情况,确定最具吸引力的细分市场作为自己为之服务的目标市场,来满足市场上特定消费者的需求。

一、文化经纪目标市场选择的依据

文化经纪企业在评估并选择目标市场时,需要考虑三个要素,即目标市场的规模和潜力、目标市场结构的吸引力以及公司目标。

(一) 目标市场的规模和潜力

目标市场必须具有适度规模和潜力。具有一定购买力的目标市场才能产生足够的营业额,开发目标市场才有价值。规模适度与文化经纪企业规模相匹配,规模大的文化经纪企业重视大的细分市场,忽视销量小的细分市场,而规模小的文化经纪企业会避免进入大的目标市场,因为,目标市场过大也需要投入很多的资源。

文化经纪企业选择目标市场时,需要考虑是否有尚未满足的需求和尚未充分开发的潜力,因为,尚未满足的需求和尚未充分开发的潜力意味着未来

有可能实现更大市场份额和利润增加空间。例如,成立于2015年的摩天轮票务,是位于连接票源方和消费者,撮合产业上下游的中介平台,将演出主办方、各级票务公司、个人闲置票等票源汇聚在平台上,通过"多渠道供票低价优先机制"技术,为终端消费者自动筛选出价格最低的票源方案。其创办2年来,累计销售演出票超过250万张,其中92%为折扣票,带动演出上座率普遍增幅在15%～20%,为主办方提升了整体票房收入,也提升了整个票房行业的流通效率。

(二)目标市场结构的吸引力

目标市场可能具有理想的规模和潜力,然而从盈利的角度看,它未必具有吸引力。美国学者迈克尔·波特认为,有五种力量决定整个市场或其中任何一个细分市场长期的结构吸引力。分析细分市场结构吸引力,文化经纪企业可以就五种群体对长期盈利的影响做出评价。

1. 对同行业竞争的分析

如果某个细分市场竞争者为数众多,并且强大或者竞争意识强烈,该细分市场会失去吸引力。如果细分市场处于稳定或萎缩的状态,固定成本过高使得撤出市场的壁垒过高、竞争者投资又很大,文化经纪企业需要坚守这个细分市场,容易出现价格战、广告战,需要不断推出新产品。

2. 对潜在进入者的分析

根据行业利润的观点,最有吸引力的细分市场进入壁垒高,退出壁垒低,在这样的细分市场,潜在进入者难以进入,但经营不善的公司容易退出。如果某个细分市场可能吸引潜在进入者,他们会增加新的生产能力和大量资源,并争夺市场占有率,该细分市场吸引力下降。如果潜在进入者进入细分市场时遭遇森严壁垒,并且遭受到细分市场内原有公司的强烈报复与抵制,他们便很难进入。如果细分市场的进入壁垒低,原来占领细分市场的文化经纪企业的报复心理弱,这个细分市场会缺乏吸引力。

3. 对替代产品的分析

如果某个细分市场存在替代产品或者有潜在替代产品,该细分市场吸引力下降。替代品会限制细分市场内价格和利润的增长,如果替代产品的竞争十分激烈,这个细分市场的价格和利润可能会下降。例如,作为观影替代方式,网络视频的存在一定程度上削弱了电影院的收益。

4. 对购买者(顾客)议价能力的分析

如果某个细分市场中购买者议价能力强,该细分市场吸引力下降。购买者会设法压低价格,对产品质量和服务提出更高要求,并使竞争者介入竞争,所有这些都会使文化经纪人的收益受到不利影响。

5. 对相关行业(供应商)议价能力的分析

如果相关行业供应商能够提价,降低产品和服务质量,减少供应数量,该细分市场吸引力下降。

(三) 公司目标

即使某个细分市场具有一定规模和潜力,并且其组织结构也有吸引力,文化经纪企业仍需将本身的目标与细分市场具体情境结合起来考虑。对细分市场的评价,主要是看其经济价值,以决定是否值得开发和占领。例如,《赢周刊》以"协助中小企业成长"为媒介使命,选择中小企业为主要目标读者。一方面,是因为当时国内财经媒体多数将目标对象定位于白领甚至金领等高端人群,以中小企业为服务对象的财经媒体还很缺乏,这说明市场竞争不太激烈,风险适中,而且中小企业是一个很大的群体,具有一定的市场规模。另一方面,《赢周刊》当时资源有限,其工作人员熟悉中小企业的运作及其困惑,因此,有能力服务这一市场。事实证明,这样的选择是正确的。

二、文化经纪目标市场定位

目标市场定位是文化经纪企业根据所选定的目标市场竞争状况和自己的优势,确定项目品牌和产品被目标顾客所认同的与众不同的地位或者某种形象或者某种个性特征,从而取得竞争优势。

(一) 目标市场定位的步骤

1. 确定文化消费者所使用的评价标准

文化消费者所使用的评价标准,既有客观标准,如产品价格、服务收费标

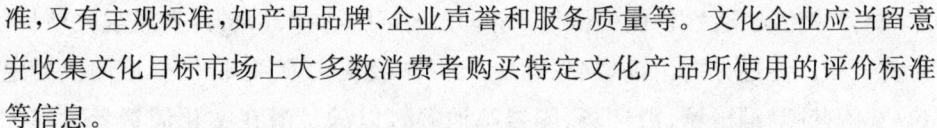

准,又有主观标准,如产品品牌、企业声誉和服务质量等。文化企业应当留意并收集文化目标市场上大多数消费者购买特定文化产品所使用的评价标准等信息。

2. 明确企业自身潜在的竞争优势

文化企业自身的竞争优势是为其文化产品进行市场定位的出发点和基础。文化消费者需要的是文化产品所能提供的效用,文化企业能否取得竞争优势关键在于其所能提供的产品效用。有两条途径取得这样的竞争优势:一是产品效用不变的前提下降低产品成本,进而降低产品价格;二是产品效用提高,但产品价格不变或推出令消费者能够接受的高消费价格。

3. 掌握竞争对手的市场定位策略

文化经纪企业有必要掌握竞争对手所提供的文化产品类型及目标客户群信息,在此基础上,除了采取优质优价的对策,还可通过满足某个文化消费者群的特定需求,使其营销对象与竞争对手的营销对象差异化。

4. 设计文化产品投入市场的适当位置

文化产品的设计和开发,要尽量符合目标市场文化消费者的评价标准。例如,针对儿童娱乐市场,可设计丰富多彩、简单刺激、安全系数高的娱乐设施服务于该市场。

5. 传播文化企业的市场定位信息

文化经纪企业不仅要选定定位策略,而且要及时、有效地传播本企业的定位信息。文化经纪企业应根据文化消费者获得文化信息的习惯以及对不同信息的重视程度,制定对应的信息传播策略,开展文化产品促销活动。

(二) 目标市场定位的方法

文化目标市场定位方法通常采用知觉定位图法,又称为多向量定位法。首先,选择某种文化产品的两种主要要素作为纵横坐标指标。然后,将同类文化产品的市场信息标明在坐标图上。最后,对比不同位置上消费者的偏好度,确定本企业文化产品的位置。

如图 5-3 所示,娱乐场所 A(如高尔夫球场)经营纯传统项目,价位最高;娱乐场所 B(如射击场)经营近现代项目,价位中高档;娱乐场所 C(如台球厅)经营较传统项目,价位中档偏下;娱乐场所 D(如旱冰场)经营较现代项目,价位低档。经过分析论证,娱乐场所 E 拟作最现代项目、价位中档偏上的定位(如陶艺吧、蹦极场、滑翔场、攀岩基地等),以满足潜在文化消费者对当代新奇娱乐项目的需求,并确保文化企业获得良好的经营效益。

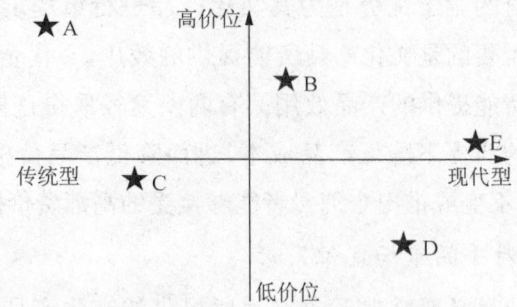

图 5-3 文化目标市场的知觉定位图

通过文化目标市场的知觉定位图,文化企业经营者可认识市场竞争格局以及市场空档所在,然后选择最有利的市场位置,从而使文化企业处于市场竞争的优势地位。

(三) 目标市场定位的策略

文化经纪企业的目标市场定位成功与否,关键在于是否具有优势目标市场,是否与竞争者有明显区别。文化目标市场定位策略主要有以下几种。

1. 文化产品特色定位

文化企业根据本企业产品的特色,与同类产品在品种规格、性能质量、服务对象和经营方式等方面的差异化优势,来确定其市场位置。例如,影院可以通过周围环境、放映设备和影院地理位置等与竞争对手区分开来。文化企业可以利用营销手段使其文化产品特色更加突出和鲜明,从而与竞争对手区别开来。

2. 文化产品价格定位

价格定位策略适用于某些文化产品价格较为敏感的情形。价格定位分为两种类型:一是高价位策略,即推出高价位的文化精品,以满足高档文化消费者以及虚荣消费心理者的文化需求,如交响乐音乐会门票、足球比赛门票

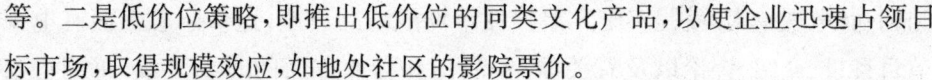

等。二是低价位策略,即推出低价位的同类文化产品,以使企业迅速占领目标市场,取得规模效应,如地处社区的影院票价。

3. 文化市场空档定位

这种定位策略适用于抢占无对手的市场空档的情形。激烈的市场竞争环境中,谁最先发现并抢占市场空档,谁就可先得利益。例如,湖南卫视推出的《超级女声》、东方卫视推出的《中国达人秀》、浙江卫视推出的《中国好声音》以及中央电视台综艺频道推出的《星光大道》等栏目各领风骚,并获得观众的好评。

4. 文化企业形象定位

一般来说,企业形象可以分为领先者、挑战者、追随者和补缺者四大类。在文化市场竞争中居于领先地位的文化企业,一般市场份额最大,通常受到文化消费者的信赖。挑战者在市场竞争中通常处于二流地位,包括实力较强的大型文化企业和实力很强的新入市企业。挑战者要想成为市场领先者,必须采取各种进攻策略发动挑战,如通过同业合作、兼并和收购等措施与领先者形成实力抗衡的态势。追随者在市场竞争中通常处于三流地位,大多是具有一定实力的中型文化企业。追随者应在保持自身经营特色的基础上,合理吸收领先者的营销策略,并追随领先者开拓新的市场。补缺者通常处于市场末流地位,包括实力很弱的小型文化企业和个体文化经营户。

三、文化经纪目标市场策略

文化经纪公司选择好目标市场后,应确定适当的目标市场策略。目标市场策略是在文化经纪业务市场细分的基础上,针对目标市场的情况和文化经纪业务营销的需要而采取的策略。一般地,可供选择的目标市场策略有四种。

(一) 无差异性市场策略

无差异性市场策略是把整个市场作为项目的目标市场,只考虑市场需求的共性,而不考虑其差异,运用一种文化产品或文化服务、一种价格、一种营销方法,吸引尽可能多的消费者,以期对行业整体市场的全面占领。例如,美国期刊《电视指南》就是实施无差异性市场战略的典型,这份杂志上面有电视节目目录、介绍、评论以及有关歌星、演出和行业方面的时事文章,每周售出1 400万份,最高时曾达到1 800万份。

无差异性市场策略的优点是文化产品的品种、类型统一,便于实现标准化与大规模制作的传播,有利于降低文化产品生产成本。其缺点是应配以强有力的促销活动或广告宣传,但促销成本较大,时间比较长,一般适合于大型的文化产业项目产品。

(二)差异化市场策略

差异化市场策略就是把整个市场细分为若干个子市场,针对不同的子市场,设计不同的文化产品,制定不同的营销策略,满足不同的消费需求。例如,时代华纳公司针对大众市场出版《时代》和《人物》刊物,同时还在细分市场出版《财富》和《儿童体育画报》等刊物。

差别性市场策略的优势在于能扩大文化产品的整体消费者规模,提供项目综合竞争实力;各个市场之间可能形成协同互补效应,有利于形成连带优势。这种策略配置的广告宣传针对各自特点应有所不同,从而调动各个子市场消费者的消费欲望。其缺点是会使文化产品的制作成本较高。

(三)集中性市场策略

集中性市场策略是指文化经纪公司选择一个或几个细分市场作为目标市场,制订一套销售方案,集中力量争取这些细分市场上的较大份额,而不是在整个大市场上占有小量的份额的策略。而无差异性和差异性市场策略则以整体市场作为目标市场。这种策略主要适合于成本小,能在短期中取得效果的短期文化产业项目产品。例如,中小型旅行社作为旅游经纪企业,可以将业务集中于商务和会议旅游或者体育旅游,而不涉及一般消遣性旅游等业务。

集中性市场策略的优点是能够集中力量迅速占领市场,提高商品知名度和市场占有率,使文化经纪公司集中有限精力去获得较高收益;可深入了解特定的细分市场,实行专业化经营;适用于资源有限、实力不强的中小型企业。其缺点是如果目标市场集中,一旦市场上文化经纪业务需求发生变化,

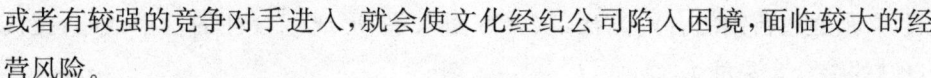

或者有较强的竞争对手进入，就会使文化经纪公司陷入困境，面临较大的经营风险。

（四）市场群落营销策略

市场群落营销策略是指文化经纪企业在市场细分的基础上，选择数个具有内在联系的细分市场构成市场群落作为其目标市场的策略。这一策略要求文化企业寻找细分市场之间的内在联系，然后将具有共同性或关联性的目标市场结成一个市场群落，并在该市场群落中规划经营活动。因为，这样组合的投产经营，比分别投入每个单独的目标市场要经济有效，是与寻找合理经营规模同样重要的最佳经营方式。

实行该策略应同时具备两个条件：第一，企业的规模较大、实力雄厚和资源丰富。第二，产品具有共同或深度开发的可行性，或具有共用同一资源的可行性。例如，影视公司在制作电视剧时，可以利用文学和音乐素材、母带出版图书和音像制品，利用人物造型及服饰开发流行玩具及服饰产品，利用拍摄场地、道具和服装用品等举办展览或开辟人文旅游景区等。

四、文化经纪目标市场营销管理

（一）文化经纪市场营销组合的设计

市场营销组合是指文化经纪企业在选定的目标市场上，综合考虑环境、能力和竞争状况，对企业自身可以控制的因素加以组合和运用，以完成企业目标与任务的一项综合性工作。市场营销组合是文化经纪企业市场营销战略的一个重要组成部分。

20世纪50年代初，根据需求中心论的营销观念，麦卡锡教授把企业开展营销活动的可控因素归纳为四类，即产品、价格、销售渠道和促销，因此，提出了市场营销的4P组合理论。20世纪90年代，美国市场学家罗伯特·劳特伯恩提出以"顾客、成本、便利性和交流"为主要内容的作为企业营销策略的市场营销组合，即4C理论。

文化企业要想在市场竞争中获得竞争优势，不能只依靠某一生产经营因素,必须通过营销组合的方法,从多方面入手,形成综合性的营销战略,提高自己的综合竞争能力。

(二) 文化经纪市场营销活动的管理

制定出科学的营销组合战略后,文化经纪企业要做好营销规划及各项具体政策的执行和控制工作,保证营销战略的实施。

1. 执行营销计划

把文化经纪企业的营销计划转变为具体的营销活动,即把文化经纪企业的经济资源有效地投入到企业营销活动中,完成计划规定的任务,实现既定目标的过程。执行营销计划,需要营销、制造、财务、研发、采购和认识等部门的管理人员相互配合、同心协力,保质保量地完成市场营销计划。

2. 控制营销活动

要保证营销目标顺利实现,还需要做好营销活动过程中的控制工作,保证营销活动能完全按照计划的要求展开。营销控制包括年度计划控制、盈利控制、效率控制和战略控制。

3. 营销效益管理

营销效益是指文化企业在营销活动中的投入与产出的比较,是企业营销活动所追求的目标。根据营销效益目标的不同,营销效益可分为经济效益、文化效益和社会效益等。营销效益管理的主要内容是制定文化经纪企业的营销效益计划体系,并将计划分解到相关的营销组织部门和个人,同时,制定相应的效益管理和督促政策。督促和推动营销组织和个人积极执行营销计划、实现营销目标。

第六章 ↘ 文化经纪人的法律技巧

第一节　文化经纪合同实务

合同是文化传媒市场经济交易中不可或缺的组成部分,几乎每一个项目的推进都伴随着大量的意向书、框架协议和具体合同等。这些文件如果具备了合同的成立和生效条件,就具有了法律效力。

一、文化经纪合同的概念及分类

(一) 文化经纪合同的概念

我国《合同法》第 2 条对"合同"的概念进行了明确界定,"合同是平等主体的自然人、法人、其他组织之间设立、变更、终止民事权利义务关系的协议。"文化经纪合同是在文化经纪活动中,文化经纪人为促成委托方和相对方订立交易而进行联系,提供信息、机会和条件,介绍产品等活动,由委托方支付报酬,并明确双方拥有一定的权利和义务关系的协议,是平等主体之间设立、变更、终止民事权利义务关系的法律文书。

在文化传媒市场,双方就一个文化项目初步达成合作意向后,通常会先签订一份"意向书",用以保障实质性合作的实现。任何双方签字盖章的文本,无论其名称如何称呼,在法律上都会被认定为一份"合同"。因此,签订意向书时,内容上需要考虑几点:①双方洽谈的简要概述;②初步达成的一致设想;③绑定合作的方式;④不能达成后续合作的退出方式及处理办法;⑤严格的保密条款。

(二) 文化经纪合同的分类

1. 根据合同涉及的文化经纪人范围分类

文化经纪合同可以分为独家经纪合同、多家经纪合同和保留经纪合同三类。独家经纪合同是指委托方在约定的经纪期限内将经纪事务独家授权给一个经纪主体，并不得再委托其他经纪人或自行处理；多家经纪合同是指委托方将经纪事务同时授予多家经纪主体，但在规定的经纪期限内不得自行经纪，最先完成的经纪人有权获取佣金；保留经纪合同是指委托方将经纪事务授出时保留自行经纪的权利。

2. 根据文化市场经纪业务行为分类

文化经纪业务行为分为委托、行纪和居间三种方式。因此，经纪合同可以分为委托合同、行纪合同和居间合同。委托合同是指双方约定，受托人以委托人的名义，为委托人办理相关事务，由委托人负担与委托事务相关的必要费用，并向受托人支付约定报酬的协议。行纪合同是指行纪人以自己的名义，为委托方从事贸易活动，委托方支付报酬的合同。居间合同是指居间人向委托方报告签约的机会和信息，或提供订立合同的媒介服务，委托方支付佣金的合同，三者的具体区别，如表 6-1 所示。

表 6-1　居间、行纪、代理三者区别

分类	名义	责任风险	与委托人关系	对商品控制程度	订立合同过程	获取收入名称
居间	以本人名义	当事人双方	没有固定关系	不拥有商品	三方共同协商	佣金
行纪		行纪人	有较固定的关系	可拥有商品	委托人要约，经纪人承诺	代理费、服务费、手续费
代理	以被代理人名义	被代理人	合同期内有固定关系	根据协议可有可无		

二、文化经纪合同的作用

（一）有利于明确各方的权利义务

科技的进步带来了文化需求的多样性,使得文化经纪活动中各方的权利义务更加复杂化,明确各方的权利义务,统一认识才能使整个经纪活动得以顺利开展。根据我国相关法律法规,书面合同可以提供较为全面有效的法律保障。

（二）有利于维护国家、集体和个人的权益

文化产业本身具有双重属性,既要注重社会效益又要重视经济效益。合同的签订有利于规范经纪活动,使之在法律框架下顺利开展,同时也有利于防止文化领域的违法犯罪行为,保障国家、集体和个人的合法权益不被侵害。

三、文化经纪合同条款设计

通常来讲,一份合同包含必要条款和任意条款。必要条款包含当事人的名称或者姓名和住所、标的、数量和质量、价款或报酬、履行期限、履行地点和履行方式、违约责任以及解决争议的方法等。任意条款是合同各方协商补充的其他内容。一般来讲,必要条款的缺失或不完整可能会直接影响合同效力。由于文化经纪活动执业范围广,涉及的合同类型多元化明显,内容存在较大差异,但一份合格的合同所必备的要素是统一的。

（一）确保整体合同的合法性

合同的合法性是合同得到法律认可与保障的前提。订立合同的目的,就是要使经纪活动各方所商定的有关事项能够得到切实开展。合同的主体、内容或形式有瑕疵,都会直接影响合同的法律效力。例如,《营业性演出管理条例》及其实施细则规定,营业性组台演出应当由演出经纪机构举办,演出经纪机构应当有营业性演出许可证。

（二）标的表述具体明确

所谓标的,是指订立合同所要完成的具体交易。将标的具体明确地表述出来,是合同目的能够顺利实现的前提。例如,甲、乙两公司签订合同约定"共同投资拍摄一部根据某网络小说改编的电影",这个标的表述就存在很大的漏洞。"拍电影"是个系统工程,这中间涉及某网络小说改编权、摄制权的许可使用授权合同,涉及将小说改编成剧本的委托创作合同,还涉及与导演、演员等主创分别签订的聘用合同、场景搭设的承揽合同,剧组工作人员的劳务合同等方方面面的法律关系。因此,标的表述应具体化到使涉及的每一份合同都有一个明确具体的目标。当然,合同并不一定是事无巨细才是好合同,详略程度应和具体项目相结合。

（三）履约期限约定

合同中涉及时间要素的时候一定不能产生歧义,表述应当清晰,指向双方统一认定的时间点。例如,在合同中约定"尾款在展览结束后结清"。展览结束后是一个起算点,并不能实质性地表明履行期的长短,"展览结束后一周"和"展览结束后一年"都符合合同约定,这样容易导致对履行义务的状态产生重大分歧。期限约定清晰明确,有利于双方合理、及时地履行义务,也有利于界定违约的时间节点。

（四）违约责任约定

当事人一方不履行合同或履行合同不符合约定时,都应当承担违反合同的民事责任。根据我国《合同法》规定,违约责任的承担形式包括继续履行、采取补救措施及赔偿损失等。

实务中,守约方主张"继续履行",是需要一定条件的:①违约方有能力继续履行;②继续履行还能实现订立合同的主要目的;③继续履行不存在显示公平等情况。

"违约金"条款是合同双方最常用的违约责任条款。《合同法》第114条指明,合同双方可以直接约定具体数额的违约金,也可以约定违约金的计算方法。过高多低的违约金约定都会导致合同责任的显失公平,在具体的实务操作中,法院或仲裁机构会综合违约造成的实际损失、合同的履行情况、主观过错程度及预期收益等方面因素,进行酌情调减或调增。因此,在文化经纪活动中,应尽可能对重要事项独立约定违约金,数额与可能的损失大体相当。

(五) 保密条款

商务合同中的保密条款是非常重要的,其存在的价值在于明确双方对于合作过程中获知的商业秘密应当承担的保密义务。所谓商业秘密,是指权利人采取了保密措施,在一定时间范围内限定了知晓群体范围,具有实用性并能给权利人带来经济价值的技术信息和经营信息等商业信息。

一个完整的保密条款或者是保密协议应当包括保密范围、责任主体、保密期限、保密义务及违约责任等方面。保密范围在具体项目中是相对和动态变化的,在文化经纪活动中一般应包括合同各方的发展计划、运营方案、财务状况、技术文件资料、融资方案、制片程序、影视剧情节、服装造型和艺人隐私等。保密期限并不仅仅限定于合约期,合作的终止和解除并没有免除各方应当履行的保密义务,在现实中,因各种各样的原因,商业秘密也可能丧失秘密性,因此,有必要在保密条款中约定保密义务的解除条件。在具体实务中,保密条款表述可以参照以下条款设计:

(1) 甲、乙双方对在洽谈、签订、执行本合同及本项目过程中获悉的属于从公开渠道无法获取且属于相对方的保密信息(包括但不限于文件、资料及信息,公司计划、运营活动、财务信息、技术信息和经营信息等相关材料)予以保密。

(2) 未经相对方书面同意,任何一方不得以任何方式利用或向第三方披露上述保密信息的全部或部分内容。

(3) 因诉讼、仲裁、行政命令、法律法规规定或向专业机构咨询或相关内容已对外披露等原因提及本协议所约定之秘密,不视为违反保密责任。

(4) 本保密义务在本协议有效期内和期满、中止、终止、解除后均持续有效。任何一方若违反上述保密义务,应赔偿对方因此而遭受的一切经济损失。

(六) 通知送达条款

以往,通知送达条款并不受合同双方的注意,但在具体实务中引发的纠纷却越来越多。在双方合作的过程中,相关文件是否送达,往往是区分各方权利义务的关键。

通知送达条款在设计之初应当注意:①指定具体的联系人员,确保送达的内容是经过内部决策商议后的真实表达,防止不正确的人员将信息滞留,避免不必要的损失。②明确送达方式。一般来讲,常用的送达方式有直接送达、电子邮箱送达和快递送达。值得注意的是,采用电子邮件送达时,要定期对邮箱内容进行检查、备份,并将发件箱设置为保留记录。采用快递送达应当注意保留快递存单,以及送达信息查询结果的留存。③明确迁址或变更联系方式后,没有及时书面通知将承担由此产生的全部不利后果。

我国现行法律大多采用"到达主义"原则,即通知到达对方及时生效。为避免对方拒绝签收后承担的不利举证责任,可以约定"通知发送几日后即视为对方收到。"

(七) 佣金支付条款

佣金是经纪人收入来源,也是经纪合同双方权利义务责任的直观体现。在合同中必须明确约定三方面内容:①佣金的数额或提取比例,即固定金额或按照委托成交总额的一定比例提取;②结算方式,双方可以根据银行结算方式进行约定;③支付期限,可以一次性支付,也可以分期支付。

(八) 争议解决条款

合同在签订、履行和终止的过程中,会发生各种各样的纠纷,为了及时解决纠纷,需要在合同中约定解决争议的方式,明确是选择诉讼还是选择仲裁。

一般来讲,仲裁周期较短,不公开审理的特点更容易获得商务经济类纠纷当事人的倾向。仲裁条款的有效性首先要约定明确且唯一的仲裁意思表示及仲裁机构。国内比较知名的仲裁机构有北京仲裁委员会、中国国际经济贸易仲裁委员会、上海国际仲裁中心和深圳国际仲裁院。不当表述示例,如表6-2所示。

表 6-2 不当表述示例

条款表述	表述不当原因分析
本合同所产生的一切争议由某仲裁委员会仲裁,也可以直接向人民法院起诉	仲裁和诉讼具有相互排斥性,应避免同时选择
本合同产生的一切争议在合同履行地仲裁解决	没有约定仲裁机构,条款无效
本合同产生的一切争议在合同履行地仲裁委员会仲裁	如合同履行地只有一个仲裁机构,该约定有效,如有两个以上仲裁机构的就需要当事人补充协议选择,不能达成合意的,约定无效

选择诉讼作为解决争议的方式时,需要明确约定的管辖法院从法律层面上来讲应当具有管辖权。我国《民事诉讼法》第三十四条规定:"合同或者其他财产权益纠纷的当事人可以书面协议选择被告住所地、合同履行地、合同签订地、原告住所地、标的物所在地等与争议有实际联系的地点的人民法院管辖,但不得违反本法对级别管辖和专属管辖的规定。"当事人对管辖法院的约定应当合法且唯一,对争议事项的范围约定应避免过窄。

四、文化经纪合同的效力

1. 合同的生效

一般而言,依法成立的合同,自成立时生效。但法律法规要求办理批准登记等相关手续的,应依照其规定。合同的成立和合同的生效从法律层面上来讲很可能是不同步的,如果当事人约定了生效条件或者生效时间的,自条件成就时或生效期届至时,合同生效。例如,2015 年 7 月 5 日,李某(以下简称甲方)与上海市某影视制作公司(以下简称乙方)签订了电视剧剧本委托原创合同。甲乙双方约定合同 1 个月后生效,创作期为 3 个月。那这份委托创作合同应从 2015 年 8 月 5 日开始生效。

2. 合同的变更

合同的变更包括合同标的物及其数量、金额等方面的变更,但不包括合同当事人的变更。根据我国相关法律规定,合同双方在协商一致的情况下可以变更合同,法律要求履行法定程序的还应当遵照执行。

合同各方可以口头达成变更,也可以书面达成变更,但为了明确双方的权利和义务,实务中还是建议采用书面协议变更的方式。例如,甲公司和乙公司签订了《广告发布合同》约定由乙公司安排在某卫视频道播放演出广告,播放时间为 2018 年 6 月 1 日至 2018 年 8 月 1 日,时长 1 分钟,具体播出时段、频次见媒介排期单。此后,乙公司制作的媒介排期单播放时间为 2018 年 6 月 1 日至 2018 年 7 月 5 日,甲公司负责人在该媒介排期单进行了签字确认。这时,甲公司就无权要求乙公司承担违约责任,因为合同签订在先,媒介排期单签订在后,法律上视为双方合意对原合同的变更及进一步细化。

3. 合同的终止

合同终止原因有很多,如履行完毕、债务抵消和债务免除等,行业实践中,最常见的还是合同解除。所谓合同解除,是指合同成立以后,基于一方或双方的意思表示,使得该合同的债权债务归于消灭的行为。合同解除又分为法定解除、约定解除和协议解除三种。我国《合同法》中明确规定了五种法定解除情形,但在具体的使用过程中,要注意从实质层面上分析。约定解除是指在合同中约定解除权条款或者通过补充协议赋予一方在特定条件下享有解除权。例如,甲、乙两公司在《艺人经纪合同》中约定:"若乙方违反本协议的独家排他性,未经甲方书面同意,擅自与第三方进行本协议规定范围内的任何书面或形式的合作的,甲方可以随时解除本协议,并有权要求乙方赔偿甲方受到的直接和间接损失,包括但不限于前期投入、宣传推广、包装、策划和签约谈判等费用及向第三方的赔偿和预期利润等。"约定解除是单方解除权,当特定的条件出现时,只要将解除的意思表示通知对方,合同即告解除。如对方有异议的,在没有约定异议期的前提下,法定异议期为 3 个月,超期向法院或仲裁机构提出异议的,不予支持。

协议解除是在合同存续期内,双方协商一致使合同效力消灭的法律行为。在实践操作中应注意:①明确双方无需继续履行合同义务,且不再追究各方违约责任。②明确在合同解除前各方的权利义务履行程度及后续解决措施,并对解除前已经形成的成果明确权利归属。

第二节　文化经纪版权实务

文化项目的核心价值大多来源于其内涵的知识产权价值。以内容产业为主的文化产业尤其要注重保护著作权,激励创作者创作更多优质内容,让无形的内容产生价值并创造更多的新价值,才是内容产业发展壮大的根基。

一、著作权的定义及特征

(一) 著作权的定义

"著作权"这一概念有广义和狭义之分。狭义的著作权是指作者及其他著作权人对文学、艺术、科学领域内的作品所依法享有的各项专有权利,包括人身权利和财产权利。广义的著作权还包括领接权,即表演者对其表演、录音录像制品制作者对其制作的录音录像制品、广播组织对其播出的节目信号和出版者对其设计的版式享有的专有权利。在我国,著作权等同于版权的概念。

版权是一个庞大的权利体系,一个作品从产生到价值实现的每个阶段都分布着不同的权利。例如,影视作品原著著作权人享有影视改编权和摄制权;影视剧本的著作权人享有剧本修改权、剧本摄制权和署名权;影视剧的相关权利人享有影院放映权、电视播映权、网络发行权、新媒体发行权、音像版权、广告招商权、翻拍续拍权、改编权以及一系列衍生权利。而影视剧中可以独立存在的舞美、音乐等,权利人也享有相关的词曲版权、表演者权、服装版权和道具版权等。

(二) 著作权的特征

1. 非物质性

著作权的非物质性是指其客体具有无体性,需要具体的物质载体来承载或体现。这一特点也增加了著作权保护的难度。

2. 时间性

著作权的时间性是指作品的发表权和财产权的保护期是有限的。我国《著作权法》第 21 条规定,公民的作品的发表权及财产权的保护期为作者终生及其死亡后 50 年,截止于作者死亡后第 50 年的 12 月 31 日。例如,2012 年4 月 10 日,3D 版《泰坦尼克号》亮相国内院线,影片场景中出现的名画已经由毕加索的《亚威农少女》变成了德加的作品,就是因为 1993 年欧盟通过新版权法,版权保护期延长至作者死后 70 年,毕加索作品仍然处于保护期,而制片方没能获得授权。相反,德加作品却已进入公有领域,不再需要授权就可以做商业化使用。

3. 地域性

著作权的地域性是指著作权的法律效力只限于本国境内,除非有国际条约、双边或多边协定的特别规定。著作权作为一项法定权利,其权利的内容和范围取决于本国法律的强制规定,而各国关于著作权的法律规定不尽相同。

二、著作权的归属

(一) 著作权主体

创作作品的公民即为作者。除了法律特别规定或者合同特别约定的例外情形外,作者就是作品的著作权人。如无相反证明,在作品上署名的公民、法人或者其他组织为作者。

根据我国著作权法及其实施条例,合作作品不可分割使用的,著作权归合作创作者共同享有;可以分割使用的,作者对各自创作的部分单独享有著作权,但在使用的过程中不得侵害整体著作权。在影视项目中合作创作很常见。例如,剧本委托创作的过程中,实际工作很可能是编剧团队执行,或者是知名编剧接受委托后转包给"徒弟"或合作编剧具体执行,不论是编剧团队还是师徒模式都可能构成共同作者。因此,在编剧合同的洽谈过程中,应明确参与创作的除签约编剧之外的其他人员对于版权的态度,如放弃自己的权利,需附加相应的声明书,最大限度地避免不必要的权属纠纷。

我国《著作权法》规定,电影作品和以类似摄制电影的方法创作的作品的著作权由制片者享有,但这里的制片者和影视作品中署名的制片人并不是同一个概念,通常以署名的出品方、联合投资摄制方为确认。实践中,影视项目的真实著作权归属是可以通过合同约定的。

(二) 版权登记的作用

在我国,著作权实行"自动生效"原则,版权登记并不是取得著作权的必要条件。虽然实行作品自愿登记,但目前来讲,业界对于版权登记的意识已经越来越成熟。在实践中,很多交易和维权活动要解决的首要问题就是版权权利归属的核实问题,著作权登记证书往往是最直观简明的权利证明文件,可以作为版权归属的初步证据,表明创作完成的时间及作者,除非有相反证据。

时间戳很多时候与著作权登记可以相互补充,用以证明电子文件在某一时刻存在的真实状态,在作品创作完成后被他人抢先登记的情况下,时间戳往往有利于辨别真实的创作者。

三、著作权客体

了解著作权客体之前,应先明确"作品"的概念。作品是指文学、艺术和科学领域内具有独创性并能以有形形式复制的智力成果。著作权法意义上的作品必须是人类创作的、能够被他人客观感知的外在表达,思想、程序、操作方法、数学概念、客观事实和新闻报道等都不在保护范围内。具体来讲,在著作权法上,按照作品的表现形式,具体分为文字作品、口述作品、音乐作品、戏剧作品、曲艺作品、杂技作品、美术/建筑作品、摄影作品、影视作品、图形作品和模型作品以及计算机软件。

四、版权授权许可

在我国著作权法中明确规定了两类权利,即人身权和财产权。人身权是不可转让的法定权利,包括署名权、修改权、发表权和保护作品完整权。财产权是可以给权利人带来经济价值的权利,主要包括复制权、发行权、出租权、展览权、表演权、放映权、广播权、信息网络传播权、摄制权、改编权、翻译权和汇编权等。并不是每一项权利都能覆盖所有客体范围,如展览权只有美术作品和摄影作品享有。

(一) 授权许可概念

授权许可,即著作权人授权他方在一定期限、范围内,以一定方式使用其作品。

著作权保护的客体类型多样,不同作品形式的授权特点也有所不同。众所周知,文学作品蕴藏着丰富的 IP 价值,权利人越来越懂得把自己的作品当成商品来经营,最大限度地利用作品的每个元素及每项权利,因此,一次卖断权利的方式已经越来越少见了。动漫作品由于其本身的特殊性和优越性,其在授权产业的回报是惊人的。作为全球最大的授权商迪斯尼公司在 2017 年的授权商品零售总额高达 530 亿美元。

投资人在投资一个 IP 之前,首先应当是全方位的评估,建立合理的评估标准就显得非常重要了。以 IP 改编电影为例,《影视风控蓝皮书:中国影视舆情与风控报告(2016)》中从内容、IP 价值两个层面设定了三级指标评估体系,将粉丝经济指标、消费者消费属性指标和 IP 作品经济属性(生命周期、定价、替代品竞争等)指标以及可开发属性指标都纳入了评估范围,该体系相对完整地概括了对 IP 价值开发时的评估标准,权重幅度则可以由制片公司根据投资和开发倾向予以调整。

(二) 授权许可中注意事项

在授权许可的过程中,应明确以下几方面。

1. 授权方式

根据授权使用的权利是否唯一,授权许可可以分为独占许可和非独占许可。独占许可下,获权方享有独家的排他权利,有利于最大限度地保障市场空间和权利空间,当然权利和义务是对等的,独占许可的授权费也是最高的。例如,图书出版者与作者约定,享有该作者某一作品 10 年的图书专有出版权,这就是一种独占许可。再如,某画家将自己的画交由某画廊展览,合同规定画家可以随时取回或换别处展览,该画廊享有的就是非专有许可权。

2. 授权期限

授权期限的约定,首先,应衡量具体项目实际运行周期。以影视项目为例,一部小说拍摄成电影,从项目立项到剧本改编再到拍摄发行,至少需要两年时间,因此,取得原著小说的授权期应不低于3年。其次,要统一各方对授权期的明确指向。例如,"甲方授权乙方对其小说进行改编,授权期为3年;在授权期内,乙方应当开始摄制,如未能开始拍摄,则甲方有权收回授权。"3年期满,乙方完成了剧本改编备案并拍摄了一个概念宣传片,甲方认为其并没有开机,主张收回授权;乙方则认为本公司的这些前期行为都表明了其已经开始了摄制,因此主张继续履行。再如,影视行业俗称的"杀青"词源本义是全部完成,而行业内通识是"影视剧拍摄完成,尚未开始后期制作",如果在合同中不加以界定,很可能造成理解的不统一。此外,可以在授权合同中约定优先续约权。

3. 授权地域

授权地域是指使用作品的空间范围。例如,电影作品的著作权人授权江苏电视台在江苏省地区播放该电影。再如,某图书的著作权人只授权出版社在中国大陆地区出版发行等。

4. 授权内容

首先,应明确是对整个作品还是对某个角色或元素的授权。其次,应明确授权使用的权利种类,著作权的权利内容包含了人身权和财产权,许可使用的权利种类是订立合同的基础,不同的使用需求希望获得的授权权利是不同的。例如,出版者使用他人地图希望获得的是复制权和发行权;使用剧本的人希望获得的主要是表演权或摄制权和广播权。未经合同明示的权利,他人不得擅自使用。最后,应清晰界定权利的使用范围,并统一认知。例如,2014年,小说《盗墓笔记》的作者"南派三叔"与千橡网景公司的著作权改编权纠纷就是双方对授权范围中的网络游戏"WebGame"一词理解出现了偏差,授权方认为"WebGame"不包括授权通过移动端运行的游戏,而被授权方则认为"WebGame"不仅包括PC端,还包括移动端。

5. 改编权授权

改编权是著作权法中的一项财产权,即"改变作品,创造出具有独创性的新作品的权利"。随着 IP 价值的不断挖掘,改编权构成了授权许可中的主要内容之一。2016 中国杭州第二届版权合作与交易大会上,天下霸唱的最新作品《摸金玦》还没出版,电影改编权就拍出了拍卖会的最高价 4 000 万元。在利益驱动的商业环境中,将流行小说搬上大银幕不失为一种好的商业模式,目前的影视公司收购网络文学作为改编之用已非常普遍,但改编过程中的版权纠纷问题层出不穷,版权的归属与行使是业界共同面对的一道难题。

在实务中常见的侵权问题有两种,一种是未经授权的擅自改编,部分民事主体单纯地认为只要不是全部或者是大量使用原著文字,自己加入一些创造性劳动,即可成为新的作品而不受原著作权人的约束,最终产生纠纷。第二种情况是虽经同意,但是改编结果不符合著作权人要求。著作权人可以将改编权授权许可使用,也可将改编权转让,可以肯定的是不论哪种方式,都不能侵犯著作权的人身权。署名权是权利人一项非常重要的人身权,对署名权的保护是无限期的。因此,无论以何种方式使用作品,都应当表明作品的来源,清晰地标注作者信息。

出于拍摄需要、通过剧本审查、备案等原因,许多影视公司必然会在原著作品改编成剧本的过程中对原著作品进行增减、修改,但这并非是对原著作品的修改,而是行使改编权的一部分。在改编权纠纷中,经常会看到因改编导致侵害到著作权人的"保护作品完整权"。所谓保护作品完整权,是指保护作品不受歪曲和篡改的权利,它是一项人身权,是不可转让的法定权利。在改编授权协议中,通常会涉及权利的类别、改编的形态、支付的报酬、限制的范围、许可的期限和违约责任等条款,双方应当对于改变程度、改编范围做出尽可能详细的规定,对于作者不能接受的改编方向最好能明确约定。改编方应同作者保持积极的沟通和交流,听取作者的意见和建议,降低"歪曲、篡改"的可能性。大牌著作权人往往会约定一些"特别条款",如享有一定份额的投资权,参与修改剧本甚至作为监制的权利。大牌制片人应注重争取作者原创续集的改编权,可以想象,如果一个好的 IP 转化成电影后非常卖座,原制片人却没有拿到续集的改编权是多么遗憾,《沉默的羔羊》就因此打了一场实实在在的官司。

投资人获得文学作品改编权的目的在于拍摄电影或电视剧,因此,获得改编权的同时往往需要获得摄制权,为了全方位地投资开发与利用,应尽量

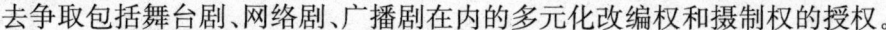

去争取包括舞台剧、网络剧、广播剧在内的多元化改编权和摄制权的授权。

6. 收益分配

收益分配条款的约定应结合不同的行业特点。例如,动画电影的游戏改编授权,通常会以"游戏流水"作为基数,而"游戏流水"作为一个行业概念,并没有明确的法律规定,因此,在授权合同中有必要进行详细界定,明确内测收益、公测收益以及广告收益等是否纳入"游戏流水"。

7. 授权费用

授权费用是授权许可过程中双方谈判的关键点之一,一般应综合作品的知名度、作者的知名度、授权期的长短以及授权最终产生的作品形式等方面来考虑。例如,电影作品的授权费用通常会高于电视剧的授权费用。同时,一些授权协议会要求被授权商为使用授权支付版税。版税是被授权商支付给授权商的授权产品净销售额的百分比。授权产品在市场上有不同的销售方式,因此,有不同的版税税率。

第七章 ↘ 艺人经纪人

第一节　艺人经纪人概述

我国的艺人并不少,但真正成为明星的却很少。有数据表明,新浪微博上中国大陆认证艺人一共才 700 多人,而韩国和日本认证的合计已达 1 600 多人。中国的内容制造商多,A 股上市和新三板挂牌的影、剧、综合合计约100 家,每年生产 15 000 集电视剧,400 多部院线电影,2 000 多部网络电影,卫视综艺节目 400 多档,网络综艺 600 多档。或许,未来几年艺人经纪会是下一个风口。

一、艺人经纪人的概念

艺人经纪又称演员经纪,其业务主要包括艺人的培训、包装、签约、制作和推广等内容,为艺人获取经济利益和社会利益并从中获得一定的经济收入。艺人经纪的范围涵盖了音乐、戏剧和舞蹈等各个表演艺术门类,经纪对象是演员个人。

在我国,艺人经纪经历了保姆式和工作室等模式后,目前正处于多元化发展过渡期,如合伙制经纪人模式、"制作＋经纪"模式和"多对多"经纪模式等。

二、艺人经纪人的素质要求

艺人经纪人入行门槛低,素质参差不齐。目前,市场中的大部分艺人经纪人基本上是半路出家,大多来自传媒的编辑或娱记、演艺机构的行政管理人员和演员、经验丰富的导演以及刚出校门的学生等。艺人经纪人对于影视娱乐业的繁荣发展和影视艺人的成长都具有重要的引领推动作用，因此，成为一名优秀的艺人经纪人，需要具备非常高的综合素质。

（一）鉴赏能力

艺人的经营和其他产品一样，需要经过设计、包装和推广等一系列流程，艺人要保持"高价值"状态，首先，作品要能满足社会公众的需求；其次，要有好的外部包装；最后，要立足市场发展状况的娱乐营销。因此，艺人经纪人必须是一个好的策划者，懂剧本、懂表演，能够深入把握影视生产及工作流程，能够为艺人的项目选择和表演给出具体的建设性意见。

（二）公关能力

艺人在演艺事业发展的过程中需要和多方社会群体接触，离不开良好的人脉和社会关系。艺人经纪人善于与人交往，能够根据对象和情景采取行之有效的应对措施，有利于为艺人赢得更大的发展空间和机会。

卓越的公关能力不仅指良好的社交能力，还包括优秀的危机处理能力。在艺人经纪活动过程中，难免会出现一些危机状况，艺人经纪人需要具备良好的心理承受能力，就当前事态做出理性判断，及时、正确解决相关问题，化解矛盾风波，控制不利局面的出现和扩大。

（三）发掘能力

艺人和艺人经纪人是利益共同体，艺人经纪人核心业务包括挖掘有潜力的艺人进行良好的形象包装、身材塑造、服装设计以及言谈举止，提升其市场价值。表演是需要天赋的，艺人经纪人应该具备发现和挖掘艺人身上闪光点的能力，并善于把艺人特质转变为个人品牌经营，拓宽艺人的可塑性。

（四）谈判能力

艺人经纪人应当具备一定的市场意识，了解影视及音乐市场环境、营销模式、竞争状况和交易过程，能够准确判断商业演出活动性质是否符合艺人形象，通过谈判积极开拓市场，通过谈判达成合作意向，帮助艺人积极争取相关权益,最大限度地实现职业价值。此项能力在国际化不断拓展的当下尤为重要。

(五) 知识储备

经纪活动的多元化发展,对于艺人经纪人综合文化素质的要求越来越高,不仅应当具备艺术学、传播学、外语和计算机等基础性知识,还应当具备心理学、管理学、市场营销学、公共关系学和法律等知识背景。专业理论功底扎实,实践经验丰富是艺人经纪人顺利开展经纪活动的保障。

三、艺人经纪合约类型

(一) 全面经纪合约,简称"全约"

艺人将个人的唱片、演出、影视和广告等事宜全权委托经纪公司,公司对其进行培训,并为其制定适应的事业发展规划。签订全约后,公司对艺人将投入大量的人力、物力、财力进行长期职业发展规划,艺人和经纪公司之间的合作关系相对稳定。经纪公司为了保障投资成本最大限度的盈利,一般选择和艺人长期捆绑,签订较长的合约期,以 5～10 年居多,双方在合约期都应明确各自的责权利,秉持诚信原则,相互信任,紧密合作。

(二) 部分经纪合约

艺人经纪事务内容多样,可以分为唱片经纪、演出经纪、影视经纪和广告经纪等不同类型。部分经纪合约的表现方式有多种类型,既可以是艺人将不同类型的经纪合约签给不同的经纪公司;也可能是与艺人签订全约的经纪公司将艺人的部分合约委托给其他经纪公司代理;还包括不同内容的经纪合约按地域范围进行划分。

四、艺人经纪发展历史

我国艺人经纪业务萌芽于明清时期。明代后期,中国民间的职业戏班发展到繁盛时期,侯方域的《壮悔堂集·马伶传》记录了当时以演技出名的兴化和华林两个职业戏班的演出经营状况。面对市场竞争,职业戏班不仅特别重视搜罗和培养艺人,还会安排戏班的"角儿"参加戏园的固定演出、传差演出和堂会。最早,艺人在戏班的演出收入采用"包银制",到清光绪初年,著名艺人杨月楼与班主协商改为收益分成,"包银制"慢慢被打破。

中华人民共和国成立以后,职业戏班慢慢被国有专业艺术表演团体所取代。改革开放以后,随着市场经济的发展,艺人经纪开始在演出市场中应运而生。20世纪80年代的"穴头"可以视为中国艺人经纪的雏形。随着"走穴"之风的不断规范,演出经纪制度逐步形成,艺人经纪业务开始成型,出现了专业从事艺人推广的经纪人和经纪公司。

市场经济的繁荣带动文化的繁荣,大众的文化需求也变得丰富多样,无数的经营者、投资者、私企、外企和个人跻身明星产业,造成明星产业经营主体的多元化,艺人经纪人的业务范围也在不断探索、推陈出新。

第二节 艺人经纪实务

"唱而优则演,演而优则导",艺人全方位发展已成当前国内普遍现象,艺人经纪业务多元化特点明显,本节注重介绍音乐、戏剧、广告、授权及管理等主要业务。

一、音乐业务

(一) 艺人来源

经纪人选择签约歌手的途径主要有几种渠道:①自我推荐和他人推荐;②歌手选拔赛;③已经成名的影视演员、主持人和模特等;④从专业机构挖掘,可以是专业院校的学生,也可以是演出场所职业表演歌手。艺人经纪人选择签约歌手,不仅考察其演唱能力,还要对其性格、文化素养、表达能力和行为习惯等全方位了解,判断其是否具备长期发展的潜力。

（二）艺人定位

艺人音乐业务的开展，离不开经纪人前期对市场的分析和对艺人的定位。艺人定位主要包括：①分析艺人属于何种歌手类型；②面对受众范围；③音乐推广渠道范围；④适合商业演出的类型以及多元化发展的可能性等。

（三）经纪模式

1. 唱片转签唱片公司

这种经纪模式是指经纪公司同艺人签经纪约，唱片约转签唱片公司，由唱片公司全权负责艺人的音乐制作和唱片发行。经纪公司大多没有音乐制作团队，采取这种方式有利于打造专业的音乐作品，但应在合约中明确规定音乐版权归属及收入分配比例。

2. 委托唱片公司发行

如果经纪公司具备专业的音乐制作团队，能够全方位为艺人进行音乐专辑市场定位、选曲和形象设计包装等，由经纪公司负责其艺人的音乐制作，唱片公司负责录制、发行和推广，音乐版权通常约定归属于经纪公司，所获经济收益由经纪公司和唱片公司按比例分成。这种模式经纪公司享有较大的自主性，有利于长期规划和发展。

3. 唱片约、演出经纪约全部转签

这种模式一般常用于不以音乐和演出为主的跨界艺人，经纪公司因主要业务范围不在音乐和演出领域，不具备专业的音乐制作能力，也没有良好的推广渠道，可将唱片约和演出经纪约都签署给唱片公司，也可将唱片约转签给唱片公司，演出经纪约签署给演出经纪公司。音乐版权的归属和收益分成会在合同中明确约定。

（四）经纪实务

1. 商业演出

商业演出涉及面最广，包括节庆活动、综艺晚会和商业活动等。

艺人经纪人经纪商业演出应考虑的实务要点包括：①掌握主办单位、承

办单位的商业信誉;②活动性质、形式以及演出场所;③分析活动的媒体宣传方案及受众范围,活动内容及同场演出其他艺人;④明确演唱作品版权;⑤判断活动涉及的赞助及其他商业元素是否与艺人代言有冲突。

2. 演唱会

演唱会是艺人作为歌手进行市场推广的一种重要方式,既包括个人专场演唱会,也包括与其他艺人合作的品牌演唱会。

经纪演唱会时需要注意的实务要点包括:①组建由音乐制作、演出制作、舞蹈编排和舞美设计等相关方面专业人士组成的演唱会制作团队;②应根据艺人的音乐类型、表演风格和市场需求等特点策划演唱会;③确定演唱会名称、曲目、时间地点及制作规模后,核算成本,综合艺人市场价值考量,合理制定演唱会推广渠道及报价;④选择与艺人形象相符的赞助商及演出承办商。

3. 歌友会

歌友会是唱片公司为宣传唱片而开展的演出活动,地点大多在校园和小型剧场等。歌手在歌友会上演唱自己的专辑歌曲,与歌迷展开互动,目的在于宣传歌手形象,扩大其音乐作品受众面。

经纪歌友会在实务中要注意歌友会不论售票与否,在电视台演播厅之外的场所举办的都属于营业性演出,需要按照营业性演出管理相关规定办理报批或备案手续。

4. 公益演出

公益演出是指由公益机构主办或有关单位与公益机构联合主办,为了某项特定的公益主题进行宣传或倡捐的演出活动,有利于艺人提升形象,回馈社会。

经纪公益演出应考虑的实务要点包括:①活动主办方是否是具有公信力的公益机构;②公益活动所得款项的使用方式及流向;③公益活动的主题和形象是否符合艺人形象;④按照演出管理相关规定,参加公益演出不得收取任何形式的演出费用。

二、戏剧业务

戏剧是指以语言、动作、音乐和木偶等形式达到叙事目的的舞台表演艺术的总称。戏剧的表现形式多种多样,常见的包括话剧、歌剧、舞剧、音乐剧、京剧以及各种地方戏曲,本部分内容除了传统戏剧业务范围,还包括影视剧表演的业务内容。

(一) 艺人来源

经纪人选择戏剧发展方向的艺人的主要渠道包括:①专业戏剧艺术院校学生;②专业艺术表演团体的戏剧演员;③娱乐演出场所和民间剧团戏剧表演者;④已有一定知名度并有一定戏剧演出能力的歌手、主持人、模特等演艺人员;⑤自荐或他荐的人员。

戏剧表现形式直接,需要艺人具备较高的理解力、观察力、想象力、感应力和表现力等,艺人经纪人选择艺人应结合其专业特征、外形条件和气质特征等进行综合判断。

(二) 经纪实务要点

签约戏剧演出活动应考虑的实务要点包括:①考量导演。导演是把文学剧本搬上舞台或银幕的总负责人,综合各种艺术元素通过演员来表达自己的思想,导演很大程度上决定着作品的市场价值和艺术价值。因此,艺人经纪应注意考量导演的类型、曾经的作品等。②考量剧本。剧本是戏剧二次创作的基础,通过对剧本的了解,可以熟悉角色的人物设定,有针对性地推荐或考量。③考量制作方。一般来讲,影视剧制作资金需求量大,拍摄周期较长,制作方在拍摄初期只投入部分资金,如果拍摄剪辑出样交给发行部门,市场反应不好,很有可能中断后期资金投入。④考量演员阵容。演员阵容侧面反映了作品的市场价值和艺术质量。⑤考量工作量。一般来讲,中小型舞台剧集中排练大致需要 15 天,首轮演出连续 1～3 周;20 集电视剧的拍摄周期大约 2～3 个月,电影拍摄周期大约需 2～3 个月。艺人在剧中的戏量多少直接决定了工作量的大小。⑥考量报价。应根据艺人的知名度、影响力和同剧其他艺人的出演价位合理判定。

三、广告业务

为签约艺人洽谈广告业务是艺人经纪的一项重要工作内容。成功的广告代言可使企业和艺人获得双赢。

经纪广告业务应考虑的实务要点主要包括：①考察品牌的市场定位与艺人形象的相符度。②考察品牌的社会认知度和美誉度是否有利于扩大艺人的影响力。③考察品牌的受众人群和艺人的受众人群吻合度。④注意禁品限制，一个艺人不能同时代言两个同类产品，否则会面临违约风险。⑤注意广告的创意及文案不仅要符合《广告法》还要符合艺人形象。⑥妥善安排广告拍摄事宜，争取最佳投放媒介。⑦明确代言的区域范围。⑧明确工作量，包括拍摄工作量、公关活动形式和次数等内容。⑨明确广告代言的时间跨度。

第三节 艺人经纪法律风险控制

艺人经纪合同是最受瞩目，也是最容易出现风险的娱乐行业基础性合同，此类合同纠纷常常占据各大娱乐新闻头条位置。艺人经纪必须了解相关法律问题，避免舆论喧嚣。

一、艺人经纪合同

艺人若想参与各类演艺活动，得到更多的演艺机会，通常需要与经纪公司达成合作关系，经纪公司会帮助艺人规划、经营演艺事业，为艺人寻求更多演艺机会，对艺人进行包装、推广和培训等。由于演艺经纪活动的复杂性和多元性，经纪公司与艺人通常会以合同的方式明确双方的权利义务。

（一）艺人经纪合同分类

一般来讲，根据艺人与经纪公司合作所涉演艺事务范围的不同，可以分为全面经纪合约和部分经纪合约。全面经纪合约尽可能全面地将演艺事务列举纳入合约范围，再通过兜底条款确保全领域覆盖。部分经纪合约仅就部分演艺事务展开合作，如音乐创作和影视表演等。

根据选择的经纪公司唯一与否，可以分为独家经纪合约和非独家经纪合约。独家经纪合约是指经纪公司就合同约定的演艺事务，在合同约定的时间和地域范围内与艺人开展独家合作，艺人不得擅自接洽任何演艺活动。非独家经纪合约是指艺人可以就演艺事务与多家经纪公司进行合作，也可以自行洽谈演艺活动。

（二）艺人经纪合约纠纷实务要点

1. 解约纠纷主要矛盾点

公开资料显示，艺人经纪合约纠纷绝大部分由艺人提起诉讼，主要诉讼理由包括未实现合同约定的包装、未实现合同约定的待遇、未实现合同约定的工作数量以及分成纠纷。经纪公司的诉由大多集中于艺人不接受公司安排、艺人代理权纠纷和艺人私接工作等。

2. 明确艺人经纪合约性质

在判决书被公开的演艺经纪合同纠纷案件中，可以看到大部分艺人都主张其与经纪公司间的合同为委托合同。这主要是因为我国《合同法》第四百一十条规定，"委托人或者受托人可以随时解除委托合同"。也就是说，如果艺人与经纪公司间的合同被认定为委托合同，艺人作为委托人就可以非常简单地单方面解除合同。

但早在2009年的熊威、杨洋（即熊天平与其妻子）与北京正合世纪文化传播有限公司知识产权合同纠纷一案中，最高人民法院就明确了演艺合同是一种综合性合同，其中关于演出安排的条款既非代理性质，也非行纪性质，而是综合性合同中的一部分，因此，不适用委托代理关系中的"单方解除"规则。此后同类案件判决大多体现了最高人民法院的这一观点。

3. 明确是否存在单方解除权

明确了艺人经纪合约的性质，有利于进一步明确单方解除权的存在与否。若允许艺人行使单方解除权，将使经纪公司在此类合同的履行中处于不对等的合同地位，而且也违背诚实信用的基本原则，同时会鼓励成名艺人为了追求高额收入而恶意解除合同，不利于演艺行业整体运营秩序的建立，因此，在演艺合同中单方解除权应当予以合理限制。

但是，如果出现合同中约定的单方解除事由或存在其他法定解除事由时，艺人还是可以行使单方解除权的。2013年，上海坤宏传媒投资管理有限公司与薛之谦合同纠纷一案,因为经纪公司未能实现合同中的部分承诺,而合同中又约定在这样的情形下薛之谦可以行使单方解除权,所以,法院判定合同在薛之谦提出解约之日即解除。

由于演艺经纪合同具有较强的人身依附性质,当一方已有很强的解约意愿时,勉强维持合作关系并不利于双方的发展。所以,在此类纠纷中,法院一般也不会支持经纪公司要求继续履行合同的请求。例如,在贾某与上海东锦文化传播有限公司其他合同纠纷再审案中,虽然艺人贾某不享有单方解除权,法院还是以"继续履行合同显然对双方均无益处"为由判决合同解除。

4. 明确收益分配比例

一般来讲,经纪公司和艺人之间的经纪合约期较长,双方之间的收益分配可能存在变化,为避免发生争议,可以将合作期限划分为不同阶段,各阶段约定不同的收益分配比例,前期经纪公司分配占比相对较高,中后期艺人收益分配占比相对较高。还可以进一步将演艺事务细化,不同类型的演艺事务约定不同的收益分配比例。

5. 明确违约金数额影响因素

在各种解约的新闻中,最受关注的应该就是艺人到底支付了多少违约金"买回"自由。为了避免艺人走红后就转投新经纪公司,一般的演艺经纪合同中都会约定一个相对较高的违约金数额,意在增加艺人的违约成本。

在实际操作中,影响违约金计算的因素主要包括:①公司对艺人的前期投入成本;②艺人预期的收入能力及合同年限;③艺人与其他公司的签约情况。一般来讲,在违约纠纷中,法官会在综合评判各项因素的基础上给定违约金数额,这个金额并不一定和合同约定相符合。

6. 明确不可抗力

不可抗力条款一般不引人注意,但在实务操作中,很多情况都可能导致已经签订的合约无法履行,如限韩令、负面清单艺人和涉毒艺人等,并不能不加分析地全部归结为不可抗力,享受免责。通常,由于国际关系紧张造成的政策调整可以归结为不可抗力,如限韩令。但对于涉毒、负面清单中的艺人不能履约的,通常认定为是艺人的违约行为。

二、艺人的相关权益管理

艺人作为公众人物，其相关权益具有极高的市场价值，艺人经纪应当注意维护并管理。

（一）表演者权

根据我国《著作权法》相关规定，艺人作为表演者享有表明表演者身份、保护表演形象不受歪曲，许可他人录音录像，并获得报酬等相关权利。经纪人在业务活动中应当明确艺人所拥有的权益，在签约洽谈时写入合约加以保护。当发现未经授权而被擅自使用时，经纪人应当及时出面加以制止，并运用法律手段加以维护。

一般演出双方都有权对演出过程进行录音、录像。因演出所产生的影像视频资料等相关知识产权一般归主办方所有。艺人需授权主办方可在全球范围内永久免费使用。

直播行业兴起后，很多演出会有实时网络视频直播的需求，但传统的现场演出是不包括直播的，因此，如果合约中没有明确约定，擅自直播或点播的很可能会侵犯艺人的表演者权。

（二）姓名权及肖像权

作为公众人物，艺人具有一定的市场号召力，因此，艺人的姓名或肖像被他人擅自用于商业盈利的几率比普通人群要高得多，如未经授权用于商业广告、商品装潢和书刊封面等。对于侵犯姓名权或肖像权的行为，经纪人可以依法要求停止侵权、消除影响和赔偿损失等。

艺人经纪人授权艺人的肖像权给商业广告、商品装潢和文创周边产品使用时，应明确使用的时间、地域和方式。在做动漫衍生授权时，需注意动漫形象的设计与使用应与艺人形象相符，避免丑化和扭曲。

（三）隐私权

由于行业的特殊性，以及粉丝的追星心理，明星私生活的受关注度很高，恋爱、婚姻和家庭等都会成为人们茶余饭后的谈资。艺人的隐私权具有很大的财产属性,有的明星为了提高自己的受关注度,会故意泄露自己的隐私进行营销,但这不意味着艺人的隐私权不受法律保护。艺人的隐私权虽然在一定程度上受公众知情权的限制,但不能无限让渡。对不经同意公开的艺人私人信息,如身体健康、家庭成员和私人空间等与私生活相关的信息,都属于侵犯公民隐私权,需要承担相应的法律责任。

(四) 未成年艺人相关权益

少年偶像的出现,引发了大众对于未成年艺人身心健康的关注。根据我国《民法通则》规定,未满18周岁(16周岁以上不满18周岁,以自己的劳动收入为主要生活来源的未成年人除外)的未成年人不能自行签署艺人经纪合约,通常需要其监护人代为签署。

未成年艺人经纪合约的有效性还依赖其内容的适当性。一般来讲,在具体实务操作中,需要注意以下几点:①合约应当为未成年艺人安排接受教育(包括但不限于义务教育)的合理时间,对艺人及监护人提出的在校学习要求尽量给予满足。②双方的经纪合约关系应当明确为居间、代理或行纪关系,避免被认为是雇佣关系,涉嫌违反劳动法。③合约中应当设置保护未成年人身心发展条款,如拒绝裸露性拍摄等。④合约中应设置保护未成年人工作安全的特殊条款,避免设置过于苛刻的人身约束性条款。

(五) 作品授权

企业或个人商业化使用艺人的音乐作品,经纪人需取得词曲版权所有人和艺人的双重授权,才可将相关作品授权给他人使用。

为客户定制广告歌曲或影视剧主题曲,艺人经纪人须明确作品的版权归属以及作品的使用途径和范围。

艺人的作品制作成录音录像制品后,艺人经纪人授权传播渠道发行时,应明确发行渠道、方式、范围和时效等。

第八章 ↘ 演出经纪人实务

第一节 演出和演出市场

2018年，文化部和国家旅游局合并成立文化和旅游部，文旅融合日益成为业界发展目标和美好憧憬。在政府持续提供文化发展利好政策的环境和习总书记在全国宣传思想工作会议重要讲话精神的指导下，坚持以文化为魂，持续推进演出产业多元化发展，演出行业新格局、新业态不断涌现。

一、演出的概念及分类

(一) 演出的概念

所谓演出，是指演出单位或个人在特定的时间、特定的环境下所举办的文艺表演活动，基本要素包括演员、观众、演出场所、服装服饰、道具、布景、舞美、灯光和音响等方面。

(二) 演出的分类

1. 按演出的性质分

按演出的性质不同分为营业性演出和公益性演出。

根据文化部《营业性演出管理条例实施细则》(2017)规定，营业性演出是指以营利为目的、通过下列方式为公众举办的现场文艺表演活动：

(1) 售票或者接受赞助的。

(2) 支付演出单位或者个人报酬的。

(3) 以演出为媒介进行广告宣传或者产品促销的。

（4）以其他营利方式组织演出的。

公益性演出是指不以营利为目的的文艺表演活动，主要分为两类：一种是慰问演出，如到工厂、农村、部队的慰问演出等；另一种是募捐义演。举办募捐义演，应当依照《营业性演出条例》和实施细则的规定办理审批手续。参加募捐义演的演职人员不得获取演出报酬；演出举办单位或者演员应当将扣除成本后的演出收入捐赠给社会公益事业，不得从中获取利润。演出收入是指门票收入、捐赠款物和赞助收入等与演出活动相关的全部收入。演出成本是指演职员食、宿、交通费用和舞台灯光音响、服装道具、场地和宣传等费用。

对营业性演出的概念和内涵常常存在认识不清的情况，主要表现为以下五种：①政府主办或者参与主办、冠名的。②不支付演职人员演出费的。③由电视台、音乐台主办并在其演播厅进行的演出。④节庆演出。⑤民间文化交流演出。需要明确的是演出形式与演出主办单位的性质并不能成为判断营业性演出的标准，关键在于分析是否有营利目的。例如，某歌星召开新歌见面会现场演唱了两首新歌，被某市文化执法总队认定为未取得《营业性演出许可证》擅自从事营业性演出经营活动，并做出行政处罚。经纪公司辩称该活动不公开售票，不支付艺人报酬，不应当算为营业性演出活动。执法人员根据《营业性演出管理条例实施细则》的规定，向当事人解释，此次演出是旨在提升艺人知名度、推广其新专辑影响的商业行为，且演出现场活动也在相关 APP 上进行了直播，达到了商业宣传的目的，属于营业性演出行为。可以看出，演出性质上的认定并不取决于了演出表面形式的呈现。

2. 按艺术品种分

按艺术品种不同，分为单一艺术品种演出和组台演出。

单一艺术品种演出分为戏剧类、音乐类、舞蹈类、杂技类、曲艺类、歌剧类、舞剧类和音乐剧类等，这类演出观众群体明确，组办方应结合自身优势找准市场定位。

组台演出分为两种：一种是同一艺术品种由多个演出团体和个人参加的演出，如京剧名家名段荟萃演唱会，可能包括北京、上海和天津等多个艺术团体参加；另一种是由不同艺术门类和多个演出团体和个人参加的综艺演出。综艺演出对舞美、灯光和音响等技术要求较高，对现场的调度能力也是一种考验。

3. 按演出规模分

按演出规模不同分为大、中、小型演出。

演出规模可以按照观众人数界定,也可以按照演职人员人数界定。一般千人以下的演出规模均可视为中小型演出。国家对大型文化活动人数有所规定,并制定了相应的报批管理办法。演职人员规模的大小需要考虑成本核算并加强预算控制。

二、演出市场概念及新趋势

(一) 演出市场的概念

演出市场是文化市场的基本组成部分,是演出活动过程中所有因素的有机构成。它既包括有形的演出场所,也包括演出市场主体、客体及主客体之间的关系。

演出市场的主体是从事演出交易活动的组织和个人。根据其作用不同,大致可分为演出行业生产经营者、演出市场消费者和演出市场管理者三种类型。其中,演出行业生产经营者,即各类营业性演出单位(文艺表演团体、演出场所和演出经纪机构),它们是目前我国最重要的演出市场主体。演出市场客体是指各类营业性演出节目,包括音乐、戏剧、舞蹈、杂技、魔术、马戏、曲艺、木偶、皮影、朗诵、民间文艺、模特和服饰等。演出市场主体之间、客体之间及主体与客体之间、主客体与消费者之间多重关系的相互作用共同构成了完整的演出市场。

(二) 演出市场的新趋势

1. 消费群体趋于年轻化

我国文化娱乐内容消费已经成为刚需,且处于高速增长阶段。2018 年,国民人均教育文化娱乐消费支出 2 226 元,同比增长 6.7%。根据演出票务公司提供的消费用户数据分析,2018 年演出市场消费群体中,90 后人群占 60%以上,其中,95 后人群占消费人群总数的 15%。演出消费的客单价(单笔消费平均价格)达到 1 200 元,远高于电影、体育等其他文化消费领域。

2."演出＋地产"构筑城市消费新景观

演出与商业地产结合是未来最具想象力的板块,演出粉丝群体的年轻特质与传播属性,能为实体商业带来具有消费力的优质客群,联动商业中的其他业态,可以有效地推动商业价值的复合式增长。中国文化地产的发展正从本土文化品牌与商业品牌的结合开始,逐步形成联动共赢的产业链。

3. 科技融入趋势加快

杜比全景声、4K 超清、AR 和全息投影的应用等都已开始在演出直播中应用。但是,由于网络传输速度的限制,未能得到较大范围的推广。5G 的到来为解决这一问题提供了可能,全景直播、虚拟现实和增强现实能为无法到达演出现场的观众带来更沉浸式和多元化的体验。未来演艺设备通信水平也将在 5G 环境下得到大幅度提升,实现舞台装备的互联互通,提升舞台声、光、电和机械的控制能力,打造更加智能的舞台演出环境。

4. 版权意识增强,维权途径亟待完善

作为文化市场的重要组成部分,演出市场涵盖了音乐、戏剧和舞蹈等多个艺术门类,国家版权局设立了音乐版权的集体管理组织,但舞蹈、戏剧等其他演出相关版权的管理还未建立有效模式,目前演出机构的相关版权维护还处于自主自发阶段。侵权特点较显著:一是侵权范围广,从演出内容、商标,到服装、道具、音乐等均有体现;二是在精品演出内容覆盖不到的三四线城市,演出侵权现象更为泛滥,演出地域的分散让维权面临巨大的阻碍,创作者很难主动去发现、调查侵权现象;三是在直播和短视频领域,演出内容侵权行为已成为"常态"。在传播渠道越来越丰富的时代,保护演艺产品创作版权,让版权产生更大效益,是演出市场未来新的增长点。

三、营业性演出市场许可制度

营业性演出行政许可制度、演出经纪制度和演出合同制度是我国演出市场的基本制度。营业性演出许可制度包括营业性演出主体许可制度和营业性演出活动许可制度两方面。

（一）营业性演出主体许可制度

《营业性演出管理条例》和实施细则规定,营业性文艺表演团队、演出经纪机构的设立应具备相应条件,并依法申请《营业性演出许可证》或办理备案证明相关手续。

《外商投资准入特别管理措施(负面清单)(2019 年版)》和《自由贸易试验区外商投资准入特别管理措施(负面清单)(2019 年版)》取消了演出经纪机构和演出场所经营单位外商投资股比限制,允许外商独资经营,可向当地文广影视局申请演出经纪机构《营业性演出许可证》和演出场所经营单位备案证明。同时,取消了文艺表演团体禁止外资进入经营的规定,改为中方控股。

（二）营业性演出活动许可制度

1. 对演出项目的许可

举办营业性演出,应当向演出所在地县级人民政府文化主管部门提出申请,提交的申请材料包括:①演出名称、演出举办单位和参加演出的文艺表演团体、演员;②演出时间、地点、场次;③节目及其视听资料。申请举办营业性组台演出,还应当提交文艺表演团体、演员同意参加演出的书面函件。营业性演出不得冠以"中国""中华""全国""国际"等字样。

2. 对演出内容的许可

国家鼓励营业性演出内容体现民族优秀文化传统,策划受人民群众欢迎的优秀节目,同时也规定营业性演出不得包含以下内容:

(1) 反对《宪法》确定的基本原则的。

(2) 危害国家统一、主权和领土完整,危害国家安全,或者损害国家荣誉和利益的。

(3) 煽动民族仇恨、民族歧视,侵害民族风俗习惯,伤害民族感情,破坏民族团结,违反宗教政策的。

(4) 扰乱社会秩序,破坏社会稳定的。

(5)危害社会公德或者民族优秀文化传统的。

（6）宣扬淫秽、色情、邪教、迷信或者渲染暴力的。

（7）侮辱或者诽谤他人，侵害他人合法权益的。

（8）表演方式恐怖、残忍，摧残演员身心健康的。

（9）利用人体缺陷或者以展示人体变异等方式招徕观众的。

（10）法律、行政法规禁止的其他情形。

3. 对演出经营行为的许可

文艺表演团体、个体演员可以自行举办营业性演出，也可以参加营业性组台演出。营业性组台演出应当由演出经纪机构举办，但是，演出场所经营单位可以在本单位经营的场所内举办营业性组台演出。

4. 对演出活动安全保证的许可

在公共场所举办营业性演出，演出举办单位应当依照有关安全、消防的法律、行政法规和国家有关规定办理审批手续，并制定安全保卫工作方案和灭火、应急疏散预案。演出场所应当配备应急广播、照明设施，在安全出入口设置明显标识，保证安全出入口畅通；需要临时搭建舞台、看台的，演出举办单位应当按照国家有关安全标准搭建，确保安全。

临时搭建舞台、看台的营业性演出的，文化主管部门审批时应当核验演出举办单位是否具备依法验收后取得的演出场所合格证明和安全保卫工作方案和灭火、应急疏散预案以及依法取得的安全、消防批准文件。

第二节　演出经纪人

一、演出经纪人的概念和分类

（一）演出经纪人的概念

演出经纪人是指在演出经纪活动中，以收取佣金为目的，为促成他人交易而从事居间、行纪或代理等经纪业务的自然人、法人和其他经济组织。演出经纪人是文化经纪人的重要组成部分，是演出市场活跃的群体，他们虽不是演出产品的生产者，但懂得演出产品的价值；虽不是演出产品的消费者，但却了解演出消费心理,懂得如何经营变现,促进演出市场的繁荣发展,演出经纪人的地位将越来越突出。

(二) 演出经纪人的分类

1. 按经纪对象的数量分

按经纪对象的数量不同,演出经纪人可以分为专项演出经纪人和综合演出经纪人。演出经纪人的经纪对象可以是演员、演出项目和演出剧团,当演出经纪人的经纪对象仅仅只有一个时,为专项演出经纪人,当其同时选择两个或以上的经纪对象时,即综合演出经纪人,这种情况多为经纪组织。

2. 按经纪经营业务性质分

按经纪经营业务性质不同,演出经纪人可以分为简单演出经纪人和复合演出经纪人。在演出经纪活动范围内开展中介服务,促成演出交易成功而收取佣金收入的为简单演出经纪人;而在开展演出经纪业务的同时,还进行演出经营业务的称为复合演出经纪人。

二、演出经纪人的素质要求

(一) 具有较高的思想政治素养

文化艺术产品具有较强的社会意识形态属性,要求演出经纪人应当具备较高的思想政治素养和正确的道德观念。继承传统文化遗产,宣传先进文化,在国际交流中保持高度的文化政治敏感性。

(二) 具有一定的理论基础

演出经纪人应当具备良好的文化知识积累,对文化表演艺术常识有一定的了解,应加强舞台理论、演出经纪理论方面的学习,通过提高理论水平来推动业务工作效率。

(三) 具有全球经营化理念

随着国际文化交流的扩大化,文化艺术产品走出国门,成了国与国之间文化贸易的组成部分。我国文化贸易起步较晚，主要演出渠道和演艺市场由发达国家控制，实现文化真正"走出去"需要演出经纪人具备全球化经营理念，从市场经济的角度选择"产销对路"的演出剧目，在加强供给侧改革的基础上有效拓展国外演出市场。

（四）具有全流程运作能力

演出行业特色明显，演出经纪人要根据艺术产品的特点和供求规律，掌握演出市场分析的技术和方法，把握艺术生产和演出工作的规律，强化全流程运作，有效实施艺术产品的组合与品牌开发，拓宽经纪对象的开发，不断提升演出经纪推广能力和竞争力。

（五）具有优秀的综合素质

演出经纪人的综合素质要求较高，除了要具备一定的艺术欣赏、鉴赏能力，社交公关能力，商务谈判能力和经营核算能力之外，还应当具备较高的法律素养，熟悉和掌握包括《合同法》《著作权法》等知识产权保护方面的法律，以及市场规制法律法规和演出经纪相关的政策法规。

三、演出经纪主要业务

演出经纪人的经纪业务主要包括七个方面。

（一）收集和整理经纪业务相关信息

经纪人工作的优势很大程度上依赖专业的信息资源，信息量的多少及其重要程度都会直接影响经纪人事业成绩的大小。经纪业务本身是一项综合性较强的工作，有用信息涉及面较广，主要包括专业演出市场信息、科技最新应用信息、政策法规信息、营商环境信息、消费群体信息、国内外文化政治动态信息、经纪对象信息和专门项目信息等。

信息获取的方式很多，演出经纪人应当加强与大众媒介、专业媒介的信息互动，还应当积极参加行业组织，保持与同行良好的人际关系，加强与文化管理部门联系，及时了解政策法规的最新动态。

(二)确定经纪对象和经纪项目

经纪对象和经纪项目是演出经纪人经纪业务核心,"宁缺毋滥"的原则应该贯穿始终。文化市场繁荣需要百花齐放,经纪人在确定经纪项目或经纪对象时不仅要注意稳定的市场需求,更应具备长远的眼光,市场是可以培养的,消费者也是可以引导的,外在力量的强化有助于刺激市场的潜在需求,有利于差异化经营,也有利于满足不同阶层的文化需求。相比较而言,引进处于发展期的演出项目签约费用较低,风险较大;引进成熟项目的风险较低,成本较高。确定经纪项目时,还应注意演出档期,演出场所、观众的价格承受能力等。

(三)经纪项目可行性分析

经纪项目的风险评估主要包括:①成本分析。综合评估演出团体和演员的出场费,场租费,舞美、灯光、音响费,宣传费和日常食宿费等。②收入预测。演出项目的收入主要包括广告、赞助、投资和票房等。票价制定是一项技术性很强的工作,不同档位票价及数量设计一般呈枣核型,两头小中间大。跳跃式的价格差异除了要体现出演出规格和水平,还应考虑同类竞争项目价格水平和市场接受度。③确定盈亏风险系数。盈亏风险系数＝成本÷总票款×100%,一般来讲,风险系数小于 30% 的属于低风险项目,高于 70% 的属于高风险项目。④项目经营决策。演出项目经营决策是指在不同方案中做出的最优选择,即在成本收益的评价基础上选择自主开发还是外部购买,自营演出还是转包输出。

(四)进行经纪业务谈判

经纪项目或经纪对象确定后,进入实质性阶段,各方需要就重要的细节问题进行磋商。谈判有很多技巧,是经纪人的基本工作能力。经纪业务谈判往往是双方信息资源之间的较量,知己知彼,百战不殆,根据具体项目的区别,组成谈判小组,从演出、技术、法律和财务等不同角度全面考量可行性。合作共赢应当是谈判追求的目标,因此,在谈判的过程中,既有对峙也有妥协。

（五）签订经纪业务合同

签约是将谈判的结果用文字固定下来，明确双方的权利和义务。合同的具体内容应在合法的大前提下，体现双方就演出项目名称、演出的时间地点、场次，以及演出剧目和演职人员名单，演出剧目时间长度、演出项目经费、利益分配等方面达成的合意。订立书面合同，便于归档管理，也有利于在发生纠纷时证明双方最初的真实意思。经纪人应注意保护经纪合同中的商业秘密，不允许随意对外披露。在演出经纪业务中涉及多种类型合同，和演员、演出团体签署演出合同，和演出场所签订租赁合同，和票务公司签订票务代理合同，和舞美灯光音响公司签订承揽合同，和媒体签署广告宣传合同，以及和权利人签署著作权使用许可合同等。

（六）严格履行合同

合同的具体约定是经纪人业务开展的行动准则，全面、正确、及时地履行是合同履行的基本原则。合同的不履行或者瑕疵履行都将承担一定的违约责任。

（七）取得佣金收入

经纪人在履行经纪合同后有权按照合同约定收取合理的佣金收入。

（八）总结和评估经纪业务

每个经纪项目完成后，经纪人都应做好过程总结，以备未来借鉴。同时，文化项目是社会效益和经济效益双重价值融合体，在项目的实施过程中，就应对项目的影响力、舆论评价和观众反馈等展开跟踪评估，作为考量社会效益的具体指标。对项目的经济效益则应做好全流程把控。

四、演出经纪人管理

实施演出经纪人资格认证，是政府部门依法管理演艺市场，规范演艺经纪人行为的必要措施。

（一）演出经纪人资格认定

演出经纪人须按《演出经纪人员管理办法》通过考核，取得从业资格证书，并以个体、合伙和公司等不同方式在当地工商行政部门办理营业执照，方可依照本条例从事演出经纪活动。

文旅部市场司指导监督中国演出行业协会组织实施演出经纪人员资格认定工作。中国演出行业协会负责制定演出经纪资格证书考试大纲，具体包括演出市场政策法规、演出市场基础知识、演出经纪实务以及从业规范、艺术基础理论。每年组织两次全国性考试。统一印制演出经纪资格证书，证书全国统一编号。

（二）演出经纪机构认定

成立演出公司、演出经纪公司、文化有限公司或经营演出场所，设立营业性文艺表演团体或成立个人独资公司，均应按《营业性演出管理条例实施细则》的有关规定办理申请设立手续，同时必须满足三至五人以上持有演出经纪人从业资格证书。涉外演出经纪机构至少应有五人以上持有演出经纪人从业资格证书，方可进行从业申请注册手续。

（三）演出经纪人管理

《演出经纪人员管理办法》要求中国演出行业协会应根据演出经纪业务特点，制定演出经纪人员分类、分级管理细则，依托全国文化市场技术监管与服务平台，建立演出经纪人员档案，记录演出经纪资格证书取得、变更和撤销等信息，加强信用管理，健全继续教育制度，提高演出经纪人员素质与水平。演出经纪资格证书有效期为 5 年，任何单位和个人不得伪造、变造、出租和出借演出经纪资格证书。

（四）演出经纪人行业组织

中国演出行业协会是我国从事艺术演出工作者自愿结合非营利的专业性行业社会团体。协会汇集了全国主要演出经纪机构、演出公司、演出经纪公司、艺术表演团体和演出场所的业务骨干，是国内演出行业的全国性行业组织。

中国演出家协会的主要作用包括：

（1）积极配合文化主管部门，宣传、贯彻有关演出行业管理的方针、政策、法令、法规。

（2）认真开展演出行业情况调查，代表行业向政府部门提供决策建议，反映行业问题，协调管理方向。

（3）广泛组织演出行业信息交流，总结和推广国内外演出经营管理的先进经验，开展演出方面的理论研究，配合有关部门进行业务培训，致力于建设高素质的演出经纪人队伍。

（4）促进国内、国际演出文化交流，组织业务洽谈会，为会员提供优质信息服务。

（5）指导、促进、协调各地方演出行业协会的工作。

（6）成立演出行业相关的专业委员会，保护会员的合法权益。

（7）制订行业规范，并通过评选等活动，树立行业典范。

（8）协调、保护行业正常权益，在公平竞争的前提下，联合会员抵制恶性竞争。

第三节　演出市场版权运营

演出产品涵盖音乐、戏剧和舞蹈等多个艺术门类，是满足文化消费者全方位艺术汲取的综合载体，在过去的几年里释放出了巨大的商业价值。《2018 中国演出市场年度报告》显示，2018 年，我国演出市场票房收入、赞助及衍生品收入、配套设施营业收入等消费市场收入总计达到 270.78 亿元，上涨 3.47%。

众所周知，版权是驱动创新发展的重要推动力，也是我国经济转型和文化产业高质量发展的有力支撑。媒介融合的时代，演出市场做版权经济既是文化产品的天然属性，也是强强联合的双赢选择。

一、媒介融合下演出市场版权运营趋势

1. 把握时代脉搏，丰富版权题材

演艺剧目不仅是一类综合的艺术载体，更是传递价值理念的重要媒介。2016年，习近平总书记在对文艺工作发表重要讲话时指出："任何一个时代的文艺，只有同国家和民族紧紧维系、休戚与共，才能发出振聋发聩的声音。反映时代是文艺工作者的使命。广大文艺工作者要把握时代脉搏，承担时代使命，聆听时代声音，勇于回答时代课题。"因此，唱响主旋律，把握时代脉搏开发剧目题材是演出市场拓展版权经济的一大领域。无论是献礼中华人民共和国成立70周年的儿童剧《火光中的繁星》，讴歌乡村振兴、脱贫攻坚的豫剧《重渡沟》，聚焦先进人物的话剧《谷文昌》、河北梆子《李保国》和沪剧《敦煌女儿》，关注绿色发展的话剧《塞罕长歌》，还是展现老一辈革命家无私无畏胆识气魄的话剧《三湾，那一夜》，都是贴合主旋律，集思想性、艺术性与观赏性为一体的时代作品。

2. 经典IP改编，紧扣精神内核

经典IP不是贴着官方认证标签而束之高阁的艺术，对经典IP的改编，在忠实原著的基础上如何把握时代脉搏，建立新的审美范式，呈现舞台吸引观众，并让观众从中得到启迪和反思，并不是一件容易的事。时代变迁，人们的生存环境会改变，思想重心和艺术审美也会发生迁移，但是刻在骨子里对真善美的追求和向往是不变的。话剧《平凡的世界》将观众所熟知的路遥的同名长篇小说搬上舞台，虽然70年代的精神风貌是现在的年轻人难以想象的，但热血而普通又不甘于平庸的年轻心态却是跨时空相通的，经典IP的重放异彩就是抓住了这些不受时代变迁影响的精神内核，激发观众的情感共鸣性，展现独特的舞台魅力。

3. 产业结构重组，打造头部资源品牌

演出市场的整体向好引得多方主体纷纷涌入，上下游企业间也在不断地跨界扩张，布局版权经济，重构产业链，而这在内容产业并不新鲜，如国内网络平台腾讯、爱奇艺、优酷以及国际流媒体平台Netflix都看到了优质头部资

源的稀缺性所带来的利润价值。国际话剧《银锭桥》就是保利院线实现"渠道＋内容＋营销"的转型格局,打造平台级演出文化集团的首次原创话剧试水。"头部资源"企业不仅可以占据强大的内容资源和受众市场,还可以享有品牌的溢出价值,传统戏曲行业版权意识薄弱,品牌意识有待提高,但昆曲《世说新语》的联合主办方江苏省昆剧院和石小梅昆曲工作室却懂得用商标提高自身品牌的辨识度,分别注册了"南昆风度"和"春风上巳天"注册商标,并开发自主原创剧目 14 个。相信未来的演出市场将会出现更多的占据主流市场的头部品牌,扩大优质版权的赋能和增值空间。

4. 版权引进本土化,激发情感共鸣

内容产业的核心竞争力永远是优质的内容,而优质内容的评价标准是有地域限制的,不是一成不变的。相比原创 IP 开发的风险性,国外优质剧目的版权引进是一种很好的选择。不论是全盘的引进,还是本土化的改编,业界越来越意识到本国文化语境的重要性,明白商业化的运作无法超越艺术本身带给观众的"共情"能力。中国人通常喜欢"形而上"的艺术表达,如戏曲的舞美、唱腔和念白等,因此,版权引进要契合中国人的文化内涵。芭蕾舞剧《奥涅金》的成功就在于整出剧"壮丽、忧伤、深沉、怪诞,诗意流淌,想象飞扬"的特点契合了中国观众追求形式上的"唯美"与内容上的"深邃"相结合的艺术表达。同样,英国国宝级音乐剧《玛蒂尔达》也不是因顶着奥列弗奖和托尼奖的光环而深受观众喜欢,而是整部剧揭示的严肃社会问题和教育问题引发了观众的思考,是观众在这个敢于跟命运顽强抗争的小女孩面前,最终找到内心深处那个智慧勇敢"自己"的满足,这些都是跨越文化障碍的艺术魔力。

5. 坚定文化自信,促进版权输出

文化的输出需要载体,价值观被理解需要切入点,而中西方文化语境的差异性决定了西方观众不一定能接受中国文化作品所擅长的宏大叙事和乡土叙事,坚定文化自信,促进版权输出,强调文化"走出去"不是不假思索地全盘平移,而是让具有特色的中国艺术、中国文化融入国际性的表达,用世界通用的语言讲好中国故事,能够实现真正的"走进去"。原创芭蕾舞剧《花木兰》惊艳亮相纽约林肯艺术中心,正是通过舞蹈这种经典的艺术形式,对我国的传统故事进行艺术创作再演绎,在表达爱和追求和平这个全人类共同主题的基础上,传递了中华民族无私、负责与担当的时代精神。一直以来,中国的舞蹈和音乐作品似乎更容易被西方接纳,但纯粹的民乐和戏曲,国外观众听不懂也不喜欢,那些富含传统中国元素,充满时代感,富有创新生命力的艺术才会是中外观众都喜闻乐见的。舞剧《春之祭》以全新的东方审美、东方哲学演绎百年经典,舞蹈语言一以贯之,生命理念深刻融入,在英国伦敦萨德勒斯威尔斯剧院演出时获得了广泛好评。

6. 多模态联动,塑造版权生态

首先,文化消费的持续高涨,推动了演出市场的欣欣向荣,也带动了版权文化生态的联动发展。优质的演出 IP,应当向文创市场要溢出效应,结合演出题材开发设计相关周边衍生品,具象表达作品的同时满足观众的记忆回想。目前来看,演出市场周边衍生品主要集中于帆布包、冰箱贴、徽章、马克杯、明信片、纸雕灯、手账本和拼图等,如话剧《德龄与慈禧》的文创帆布包和《长安第二碗》的丝巾。话剧《柳青》以剧目为基础更是开发了 19 种蕴含陕西文化的文创产品,包括柳青、快板王手办、U 盘、书灯、扫帚挂件、快板、T 恤和茶叶罐等。

其次,演出市场多模态联动构建版权生态系统,可以实现产品连接、受众关联和市场共振。演出结合影视、动漫、出版、游戏和音乐等全版权运营,极大地拓展了价值延伸空间。例如,舞剧《永不消逝的电波》将以剧院高清放映的形式,拓展长尾市场;民族歌剧《马向阳下乡记》改编于同名电视剧;《醒狮》则邀请中国香港地区著名漫画家以黑线稿创作同名漫画,再现醒狮争霸的震撼场景,并以舞剧创排背后的主创团队和舞蹈演员为故事载体,创作了同名纪录片。未来,演出＋旅游、演出＋扶贫都可以成为版权生态系统的一大特色。

7. 传统文化换新颜,引领价值传播

传统文化换新颜,不仅是借助科技之手实现多渠道、多媒介和多形态的立体传播,更多地是将不同的传统文化杂糅实现创新。舞剧《醒狮》纳入南狮、南拳、蔡李佛拳、大头佛、英歌舞、岭南曲风、广东狮鼓和木鱼说唱等诸多南粤"非遗"项目创作元素,以深厚的岭南文化为载体,刚柔并济地展示了中华民族的血性刚强。融媒体时代,对内传承,对外传播的中国传统文化不仅

要注意细分受众结构,实现精细化版权运营,还要挖掘文化内涵,充分融入生活、消费理念,借助现代科技手段实现价值引领。资料显示,目前抖音上的戏曲艺术门类短视频已经超 1.09 亿条,累计播放量 6 081 亿次,累计点赞数 201 亿次,评论数 7.7 亿次。可以看出,社交视频契合受众使用和接触媒体的习惯,是传统文化应当占领的主战场,接触了就有可能喜欢,喜欢了才有可能理解并传承。随着人工智能的发展,虚拟影像表达、体验式舞台艺术和网络直播技术等将会更加成熟,传统文化的创新表达也会更加丰富。

二、提高演出市场版权运营的着力点

1. 加强专业化培养,实现人才驱动

文化产业要发展,人才储备是关键。演艺人才既包括表演人才,又包括创作人才和管理人才等,业界普遍缺乏"懂艺术、擅管理的复合型人才"。这类人才除了具备经管人才基本的能力结构外,还应当具备演艺专业的特质能力,即审美辨别力、艺术价值鉴别力和创意市场转化力。审美是一种能力,是人们靠后天习得的能力,但却极易受群体性裹挟。审美能力的培养不是一蹴而就的,感受自然之美、建筑之美、音乐之美、诗词之美和绘画之美都会潜移默化根植于人的内心,久而久之沉淀为一种感知能力,美育教育应当是贯穿始终的终身教育。艺术是相通的,对艺术价值的鉴别需要"有乐感的耳朵"和"发现美的眼睛"。只有经过长期的艺术熏陶,才能寻到艺术境界的幽径,才能有效调动五官去感知形体、语言、动作、画面、色彩和音响所传达的真善美。因此,艺术价值鉴别力很大程度上是取决于欣赏者的审美能力。戏剧作为一门综合艺术,创意的市场转化不仅需要优质的内容,精美的舞台设计、造型呈现,还需要通过场景的传达、跨界的传播实现价值共生、价值溢出,因此,创意市场转化力考验的是人才对于艺术表达、受众需求、市场运维的综合能力。

2. 坚持文化引领,技术赋能

技术是一把双刃剑,可以用来营造演出气氛,推动文化传播,但并不能替代演艺产品的核心内容。文化产业的体验经济应当是互动体验下的有所思考、有所感悟,并不是单纯的感官娱乐。演艺产品是多种艺术、多种价值的综合体,内在支撑的核心是艺术价值,艺术价值会影响其市场价值的可持续性,也会影响文化价值的传播力和到达率。近年来,沉浸式戏剧持续走热,诞生了一批如《不眠之夜》《爱丽丝冒险奇遇记》《成都偷心》等现象级作品。作为消费市场的新亮点,沉浸式体验应当是在用户体验的基础上实现价值提升,而不是热闹过后的空洞无物。在实现了技术突破、环境设计和用户开发后,沉浸式演出更应侧重美学思考和文化价值,如连演 10 年的园林实景昆曲《牡丹亭》,利用的就是江南园林的环境符号与戏剧审美的高度统一,虚实结合地呈现了中国古韵以及昆曲最本体的美,而这种美才是有生命力的。

3. 贴合政策导向,挖掘在地化 IP 价值

毋庸置疑,政策导向对于演出产业的发展具有强有力的推动作用,区域文化政策更是对属地化资源的集中优化配置。中国地大物博,各个地区之间的文化有共通性也有差异性,鲜明的区域文化符号是市场价值的载体,做到符号外化、产品物化应当是演出产业发展的重点,而深入挖掘地方特色 IP,才能发挥差异化经营优势。这两年的政策热词"夜间经济""非遗""文化脱贫"其实都可以结合演出市场有所动作。"夜间经济"不是提倡纵欲式狂欢,更多的是强调文化吸引,发展夜间经济无疑为演艺活动这类需要大块时间参与的文化活动提供了空间,怎样避免同质化的内容模式,就需要借助活化地方特色 IP 使人耳目一新,如桂林的《印象·刘三姐》、陕西的《长恨歌》、杭州的《宋城千古情》等优秀的演艺项目。"非遗"和演出搭配,天生就比较契合,如西藏非物质文化遗产体验园建设项目主打《金城公主》室内历史舞台剧,旨在继承和发展藏族优秀文化。而此部舞台剧的姐妹剧,盛演多年的《文成公主》则很好地诠释了演出带动"文化脱贫"。"以剧养民,请民演剧"是《文成公主》项目运营特色,在促进西藏文旅发展的同时与扶贫有机结合,有效拉动了当地就业,带动周边农牧民的脱贫。《金城公主》项目有效弥补了拉萨冬季演出空白,为西藏发展"全时全季"旅游注入新的动力。

4. 完善文化消费生态多元化供给制

业态创新是近几年随着科技发展起来的热点,而"一源多用"早已是版权经济跨界发展的不二法门,现在的演出市场大多还停留在门票经济的 1.0 时代,跨界运营大多还聚焦于主题公园演出、旅游实景演出等。演出市场多元

化供给可以是依靠科技的部分版权运营,多元展现,如沉浸式舞台剧《三体 II:黑暗森林》;还可以是优质 IP 的全版权运营、多元演绎,即在不同内容载体上做故事延伸,这种演绎有利于和受众持续建立情感连结实现扩容,如经典 IP《西游记》有图书、儿童剧、电影、手游和各类衍生品等。

多元化供给还可以是多主体的竞争供给模式。在政府引导下,受众能动性被激发,实现了从被动接受向主动选择的转变,带动了演出剧目从"单一输出"向"多元供给"的转变。例如,南京市打造的"国家文化消费试点城市(南京)智能综合服务平台",在大数据分析、政府补贴等措施的刺激下,供给和消费两个中心被打通连接,在尊重消费者主动选择权的同时激活了市场活力,优质演出资源得以开发和引进。

5. 进一步增强法律意识,完善法律保障

近两年,国家出台了一系列文化产业方面的政策法规,十年磨一剑的《文化产业促进法》也进入了送审稿阶段。文化强国、产业振兴,需要法律的保驾护航,但演出市场的繁荣却使得侵权现象频发,不经授权地擅自使用他人曲目演出、擅自改编或模仿,以及擅自使用他人知名商标的不正当竞争等。互联网的发展,推动了作品传播,一定程度上也加剧了作品侵权,"拿来主义"的盛行成了侵权的托辞,而侵权容易、维权难的尴尬又使得权利人往往忍气吞声。同时,演出机构、创作者和表演者也多因版权归属不明出现意见不合。

戏剧作品进行版权保护,首先应当做好版权登记。通常,戏剧作品是将其剧本进行文字作品登记,整台演出则需要将其涉及的音乐、美术作品等一一分解登记,或将其整台演出录音录像后作为视听作品进行登记。其中,表演者享有表演者权,录音录像制作者享有录像录音制作权。

除了制度层面上的保障,还可以通过技术来助力。区块链技术作为一种分布式数据库,通过去中心化、共识信任的方式,集体维护一个可靠的数据库。区块链不可篡改的特性,可以完整记录演艺产品的所有变化过程,有利于实现版权交易的透明化。区块链中的智能合约,可以自动规范所有权利的行使和追溯,降低确权成本,提高交易效率。区块链中共识信任的特点,可以方便权利主体在统一平台上管理所有的细分版权授权情况,为作品提供更好的曝光机会和交易机会。人工智能的快速发展,区块链技术也将有助于解决"深度伪造"造成的信息安全威胁。

第九章 ∖ 体育经纪人

第一节 体育经纪人概述

现代体育经纪活动是体育职业化、商业化的产物。19世纪后半期,以英美为代表的西方发达国家,职业体育初露端倪,巨大的消费群体使职业比赛、体育组织和运动员作为商业载体变成可能。为了增强财产的保值和增值功能,就有了寻找专业人士代理商务活动的实际需求,体育经纪人应运而生。

近年来,体育经纪规模随着体育产业的整体增长而持续增长,门票收入、体育版权和衍生品收入等都快速增长,直接带动了俱乐部和运动员薪资水平的上升。

一、体育经纪人的概念

由国家体育总局与国家工商行政管理局共同颁布的《体育经纪人管理办法》中,将体育经纪活动界定为"以收取佣金为目的,为促成相关组织和个人在体育活动过程中实现其商业目的而从事的居间、行纪或代理活动"。

体育经纪人是"依本办法取得合法资格、专门从事体育经纪活动的法人和其他经济组织"。

二、体育经纪人的分类

(一)按组织形式分

按组织形式不同,体育经纪人分为个体体育经纪人、合伙体育经纪人和法人体育经纪人。

个体体育经纪人是指具有民事权利能力和完全民事行为能力,依法登记从事体育经纪业务的自然人。个体体育经纪人从事体育经纪活动,应取得工商行政管理机关的批准,领取营业执照,以个人名义从事经纪活动,并以个人全部财产承担责任。

合伙体育经纪人是指两个或两个以上的个人联合从事体育经纪活动的合伙组织,如体育经纪人事务所等。按照我国《合伙企业法》的规定,合伙组织可以有字号,可以在银行开立账户,合伙人依出资比例或协议约定,以各自的财产承担责任,对合伙组织的债务承担无限责任;合伙人之间对合伙债务负连带清偿责任。

法人体育经纪人是指从事体育经纪活动的企业、公司等法人组织。一般说来,法人体育经纪人规模较大,人员较多,有较强的影响力和知名度。由于其实力较雄厚,经纪业务也较广,既从事运动员经纪业务,但更多的是推广体育赛事、包装运动队或代理体育组织等。

(二) 按经纪活动内容分

按经纪活动内容不同,体育经纪人分为赛事经纪人、运动员经纪人和体育组织经纪人。

运动员经纪人是指专门从事运动员经纪活动的体育经纪人,主要代理运动员转会、运动员参加比赛、管理运动员日常事务等。

体育赛事经纪人是指从事体育比赛和体育表演的筹划、组织、宣传和推广等的体育经纪人。

体育组织经纪人是指从事体育俱乐部、运动队或体育组织有关事务代理活动的体育经纪人,其经纪业务包括包装和代理运动队、为运动队争取赞助、参与体育俱乐部资产重组、代理体育组织协调或解决有关问题和争端、为其获取有关信息、提供订约机会、进行商业性开发等。

三、体育经纪人的作用

体育经纪人对社会经济发展所起的作用体现在以下方面。

（一）繁荣社会文化，丰富人民精神生活

体育是一项倡导努力拼搏、积极进取的活动，各种各样的体育赛事、体育表演无不传递着健康向上的理念，这对于增强人民的家国情怀是积极的。随着改革开放的不断深入，加速了体育产业的商业化进程，体育经纪人可以有机会运作更多类型的赛事及活动，极大地丰富了人们的精神生活。

（二）加快体育职业化和商业化进程

体育经纪人通过各种渠道，获取方方面面的信息，不仅服务投资主体决策，同时加速了体育产品的快速流通，扩大了资源的合理化配置，提高了交易的效率和成功率。体育经纪人尊重市场经济规律，规范化的商业运作，有利于进一步提高体育服务产品质量，规范体育市场。

（三）促进运动员职业价值最大化

众所周知，除个别体育项目外，运动员的职业生涯相对较短，如何完善运动员的职业规划，延伸其价值创造空间，是每一个运动员都会面临的问题。体育经纪人通过策划、包装和媒体宣传等各种商业化手段对运动员无形资产进行开发，拉广告、找赞助，联系转会为运动员的价值最大化提供全方位服务。

（四）增进国际间体育的交流和发展

体育是超越国界的，体育经纪人的业务范围并不仅仅限于本国体育市场。无论是独立行事的个体经纪人，还是集团作业的经纪公司，无一不努力拓展国外业务。他们以丰富的实践经验和积极的开拓精神在本土之外不断建立新的市场，国际化的大流动、大循环使得世界体育和体育人充满了生机和活力。

四、体育经纪人的素质要求

（一）综合素质

体育经纪人应当具备良好的职业道德，诚实守信，严守秘密，规范经纪；

应当保持良好的心理素质,心胸开阔 ,心态平和;应当具备良好的沟通谈判能力,能够协调各种复杂事项,准确判断,及时应变。体育经纪人还需要有灵活的思维方式和经营头脑,善于发现商业价值,对体育资源合理开发和利用,善于出谋划策,促进委托人的利益最大化。

(二) 文化素质

体育市场的繁荣发展,专业化、职业化的特征越来越明显,要求体育经纪人的文化素质和知识架构体系越来越全面,主要包括以下三方面。

1. 体育专业知识

体育的职业化离不开体育的专业化,体育经纪人对体育专业知识的把握是其业务顺利开展的重要影响因素。专业知识一方面是指体育相关知识,包括体育专业项目知识、体育竞赛知识、运动训练学知识、运动心理学知识和体育运动的基本规律;另一方面是指体育经纪人相关专业知识,包括工作流程和工作内容等基本知识、体育组织和运动员管理知识。

2. 经济专业知识

市场化经济大环境下,体育经纪人需要把握体育市场环境,熟练运用营销策略,熟悉体育赞助流程,做好无形资产开发管理等工作,因此,相关的经济学知识也必须有所储备。

3. 法律专业知识

体育经纪人从事经纪活动的前提是维护自身和当事人的合法权益。熟悉体育行业管理机构和体育组织的经纪人管理条例,以及有关规制市场交易、广告代言、创收纳税和知识产权等方面的法律法规,是体育经纪人的基本要求之一。

第二节　体育经纪人实务

体育经纪人经纪的不同业务领域,在具体的实务操作中有不同的侧重点及注意事项。

一、运动员经纪

运动员经纪是体育经纪人最初的业务活动内容,是伴随着职业体育的兴起而产生的,并随着职业体育的发展而发展。运动员经纪主要业务内容包括代理转会签约事务、运动员形象的商务开发、安排运动员的比赛和表演以及为运动员提供全方位的个人服务。

(一)运动员转会经纪

所谓运动员转会,是指运动员在两个或两个以上俱乐部之间的流动。它是伴随着体育职业化的产生而发展起来的。已经注册的运动员,变更俱乐部或代表其他俱乐部比赛都需要转会。

转会申请需要运动员本人提出,转会申报则由俱乐部提出。体育经纪人既可以接受运动员的委托寻找合适的俱乐部,也可以接受俱乐部的委托寻找适合的体育明星。在整个过程中,体育经纪人应当注意:

(1)需要注意运动员身份、原俱乐部合约期、保密义务,明确在原俱乐部没有提出转会申报之前不能签订合约。

(2)掌握中国单项体育协会的有关政策规定及具体要求,如转会人数的限制、转会时间的限制和转会程序等。

(3)掌握国际单项体育协会的转会规定,如转会资格、转会窗口期、转会费、转会程序等。同时,要注重同国外经纪人或经纪公司保持沟通、合作,了解联赛制度,俱乐部运作现状,引进运动员的具体要求及引进渠道等。

(4)制作运动员推荐表时,应当包含运动员各方面的基本信息,如全称姓名、国籍、所属俱乐部、出生日期、身高体重、身体状况、经历、荣誉、年薪、租借费、转会费、合约期、转会期、能否参加试训等。

以足球为例,来看一下国际转会。根据《中国足球协会球员身份与转会管理规定》,中国足协在界定国际转会时列举了三种情形,并且区分了"国内"球员和"外籍"球员。国内球员是指拥有中国足协会籍并在国际足联会员协会注册的球员。外籍球员是指非中国足协会籍,拥有国际足联其他会员协会所属国家(或地区)会籍(我国港澳台地区除外)并在国际足联会员协会注册的球员。外籍球员转入国内俱乐部,或在国内俱乐部之间转会都属于国际转会,国内球员从其他国际足联会员协会所属俱乐部转会回国内俱乐部也属于国际转会。但在国际足联章程中,国际转会是和国籍密不可分的,球员作为国家队一员参加国际比赛,必须持有该国永久性国籍。出于保护未成年球员的目的,国际足联要求国际转会的球员应年满 18 周岁,除非存在一些特殊的情形。

目前,国际转会主要通过国际足联的转会匹配系统(TMS)进行,各地区的国际足联会员协会在国际足联的国际转会规则上又有一些更为具体的规定。中国足协要求在国际转会中,新俱乐部应当向中国足协提交《办理国际转会证明申请表》,在国际足联转会匹配系统(TMS)中录入相关信息进行匹配,并提交转会协议、工作合同和代理协议。转会协议由运动员、转入前后的双方俱乐部及代理人签订,协议应当载明转会日期、转会补偿数额、双方权利义务、违约责任和终止条款等。工作合同由新俱乐部、球员及代理人签订,内容涉及合同期限、工作内容和劳动报酬等。代理合同是由球员代理人、球员和新俱乐部签订,内容涉及服务范围、方式、代理性质及代理费用等。

(二) 运动员无形资产开发

随着我国体育事业、体育产业的快速发展和体育运动水平的不断提高,运动员在体育赛事中取得优异成绩所产生的社会影响越来越大,商业活动也日益增多。体育经纪人应当积极开发体育无形资产,推动运动员价值增值。

在娱乐营销渐趋饱和的情况下,近年来,涉足体育营销的企业不断增加。企业通过体育营销,得以进一步塑造品牌的正面形象,并将其与体育赛场上积极拼搏、不断进取、追求卓越、团队精神等要素结合,给消费者留下深刻印象。据统计,在 2018 年,中国体育营销市场规模达到 271.8 亿元,比起 2017 年 219 亿元的规模上涨了 24.1%。其中品牌对俱乐部的赞助费约为 88.6 亿元,对赛事的赞助总额约为 77.5 亿元,运动员代言约为 20.1 亿元。

一般来讲,运动员的姓名、肖像、荣誉和名誉都是运动员的商业核心价值。体育广告和体育赞助是无形资产开发的重要渠道。体育赞助是企业与体育组织间利益与资源交换的动态商业行为,作为体育组织继门票与转播外的第三大收入来源,有利于企业获取竞争优势、关联品牌形象和建立消费者连接通道。互联网时代,体育赞助商不再满足于仅仅把企业的 LOGO 呈现在媒体上,越来越多的赞助商希望通过运动员、通过体育赛事,能够让品牌有机会做内容营销,传递品牌的企业文化。例如,在法国队赢得俄罗斯世界杯冠军后,赞助商耐克利用法国人的狂热,启动了其"We won it in France"的营销活动,故事内容简单而精彩:世界杯冠军不是在俄罗斯赢的,是在法国赢的,是在法国的球场和街道上赢的,因为正是在这些地方——马赛、Menival 和巴黎郊区的 Bondy,法国的世界杯冠军们,如姆巴佩和博格巴,开始了他们的足球生涯。所以,这个冠军属于所有的法国人。在这波宣传中,耐克在YouTube 上投放的献给"敢于相信自己的孩子们"的视频在很短的时间内就被 300 多万人观看。

二、体育赛事经纪

体育赛事经纪是指居间、行纪或代理体育比赛和体育表演的筹划、组织、宣传和推广,包括电视转播权、赞助广告、特许使用权开发等经营活动。居间体育赛事是指体育经纪公司以自己的名义为体育组织和广告赞助商、电视台等机构提供合作机会,或促成他们的合作,其活动形式主要是以提供信息、牵线搭桥为主。行纪体育赛事是指体育经纪公司接受委托后,以自己的名义与赞助商或电视台等机构进行谈判交易,并承担相应的法律责任,如国际管理集团买断几年甲 A 篮球赛。代理体育赛事是指体育经纪公司接受委托后,以体育组织的名义对体育比赛或者体育表演进行筹划、组织、宣传、推广,包括电视转播权开发、广告代理、冠名权等特许使用权开发、纪念品开发、与电视台和赞助广告商等机构进行交易。

运动员参赛经纪是指经纪人接受运动员委托后,有选择性地安排运动员参加体育比赛或表演,并且通过帮助运动员参加这些比赛或表演而获得经济收益的代理活动。

运动员参赛经纪的主要内容包括:

(1)广泛获取信息,合理安排参赛。经纪人在安排运动员参赛前,应当充分了解体育赛事的种类、管理方法、市场需求、赛事经纪的内容、流程、转播权授权以及佣金提取方式等相关信息。根据运动员的个人情况,从提高职业技能和提升商业化价值的角度合理安排运动员参赛。

(2)积极沟通谈判。经纪人应当积极与主办方沟通谈判,最大限度保障运动员权益。谈判的内容主要涉及参赛费用、赛程安排、对手情况和奖项奖金等。

(3)努力拓展商业开发机会。在不违反体育组织相关规定的前提下,经纪人应当综合评估运动员个人品牌形象与赞助商品牌形象的契合度,努力拓展运动员的无形资产开发,包括但不仅仅限于比赛中的运动服、运动鞋、运动器械的品牌,胸前和背后的广告。

(4)处理比赛相关事务。经纪人除了需要做好日常服务工作,还要具备处理比赛突发事件的能力,如兴奋剂、伤病等。

(5)积极挖掘新秀。体育比赛运动员集聚,挖掘出一些具备潜能的运动员相对容易,经纪人应当具备这方面的职业敏感度。

第三节　体育经纪人管理

国内的体育经纪产业要想得到长足发展,更多的法律规范和制度要求是必要的。学习四大联盟比赛相对成熟的管理制度也有利于进一步规范我国的体育经纪人管理。

一、国际体育经纪人管理

国际体育经纪人管理主要有两种管理模式。

(一)国际体育组织直接管理

在单项体育组织中,最具典型的是国际足联。国际足联设立了专门的经纪人管理部门,分别制定了足球运动员经纪人和赛事经纪人管理条例,对经纪人进行宏观管理和指导。国际足联的主要职责包括:①制定本项目经纪人管理条例;②对所属各国家协会的经纪人管理提出要求;③负责国际间运动员转会管理、明确各方权利和义务等。但是,国际足联作为经纪人管理部门,并不具备颁发经纪人执照的资格。获得国际足联许可证的渠道,是由从事国际转会和足球比赛的经纪人向所在国家足球协会提出申请,经所在国家足球协会审核并对申请者进行面试,合格后由所在国家足球协会颁发执照,然后到国际足联注册,方可获得国际足联许可证。只有获得国际足联许可证的经纪人才有资格从事足球运动员国际转会的经纪活动。

(二)经纪人自律性组织间接管理

经纪人自律性组织是指有共同职业、共同利益的经纪人组成的一种联合体,是一种相对松散、具有协会性质的自律性组织。最具影响力的是国际田径经纪人联合会和国际网球经纪人联合会。

国际田径经纪人联合会在组织上独立于国际田联,主要负责田径经纪人资格审定、制定并监督实施田径经纪人行业规范、对违反行业规范的田径经纪人进行处罚。国际网球经纪人联合会的情况与国际田径经纪人联合会相类似。

二、我国体育经纪人管理

体育行业的经纪人和经纪活动是由体育行政管理部门和市场监督管理部门共同管理。体育行政管理部门负责专业资格审查和能力监督,并依照相关法律法规对体育经纪人进行宏观指导和管理;市场行政管理部门主要负责维护经纪市场秩序,并依照工商行政管理法规进行管理。

(一)国家体育总局对体育经纪人的管理

(1)组织制定和推行有关体育经纪人政策法规。

(2)负责体育经纪人资格认定和签发体育经纪人资格证书。

(3)指定体育经纪人培训和考试部门并指导培训和考试的实施。

(4)对体育经纪活动进行管理和监督。

(5)支持和促成体育经纪人组织的建设和发展。

(6)对各项目管理中心的体育经纪人工作进行统筹管理和协调等。

（二）运动项目管理中心对体育经纪人的管理

（1）制定本项目经纪人管理制度和规章。

（2）审查和批准本项目经纪人的资格。

（3）组织本项目经纪人的教育、培训和考核。

（4）对本项目经纪人的行为进行监督管理。

（5）创造条件开发培育体育经纪人市场，推动本项目经纪业的发展。

（三）具体操作部门对体育经纪人的管理

具体操作部门包括教育或培训单位、法律或仲裁机构、信息部门以及体育经纪人协会等事业单位或社会团体。由这些部门进行体育经纪人的培训和考试、经纪人纠纷的裁决、自律性规章制度的制定、信息的收集和交流等工作。

体育经纪人的营业执照获取、登记管理和行纪检查，则由工商行政管理部门负责，并接受税务、审计等有关部门的监督管理。

三、体育经纪人管理制度

（一）资格审定制度

体育经纪人从业资格门槛并不高，一般来讲，只要是本国公民，没有犯罪和违反体育法规的记录，具备基本的文化程度和一定的经济实力，都有资格申请。国际足联规定"足球经纪人必须是自然人"。

有些体育项目需要申请人通过相应的从业资格考试，考试一般有相应的体育组织、行业协会或两方共同组织开展。以足球经纪人来看，国际足联规定，申请国际足联经纪人资格证需要本国足球协会组织，考试大纲由国际足联发布。面试考察申请人是否熟悉各项足球管理规定、法律法规，是否具备为委托人提供咨询服务的能力等。

（二）注册登记制度

我国体育经纪人获取职业资格证书后，须到工商行政管理部门登记注册,获取营业执照;并在领取营业执照 15 天内到当地体育行政管理部门或与所从事的经纪业务有关的运动项目管理部门备案。体育经纪人还须在规定期限内到体育组织或经纪人协会接受年审,并交纳年度注册费。

(三)保证金与佣金制度

体育经纪人在申请注册的同时,须在注册机构指定的银行存入一定数额的保证金。保证金主要用于在经纪活动中的赔偿和因经纪活动违规而承担的罚款。体育经纪人在其保证金被部分或全部扣除后须立即补足保证金,否则将被取消经纪资格。中国篮协要求经纪人缴纳 20 万元保证金;中国足协规定的保证金为 35 万元;国际足联规定的保证金为 20 万瑞士法郎;意大利足协规定本国足球经纪人保证金为 7 000 万里拉;美国体育经纪人的保证金从 2.5 万到 10 万美元不等。

佣金是体育经纪人在完成经纪活动后有权得到的合理报酬。代理不同事务和运动项目,佣金标准和支付方式也不同。常见的佣金收费方式有按比例收费、按时间收费、固定收费和综合收费方式等。2016 年 5 月,中国足协印发了《中国足球协会球员代理人管理暂行规定》,其中规定足球经纪人收取的合同佣金不得超过合同额的 3%,该规定于 2016 年 12 月 1 日起正式实施。

(四)合同管理制度

体育经纪合同是指体育经纪人接受委托人委托,以委托人名义或经纪人名义为委托人办理所委托事务,并按规定或约定收取报酬和其他费用的协议。

体育经纪合同是一种双务、有偿的经济合同,即体育经纪人和委托人相互负有义务和享有权利,且委托人权利的实现必须以支付给体育经纪人一定报酬为代价。体育经纪人在从事具体经纪活动前必须与委托方签订体育经纪合同,将责、权、利以合同的形式确定下来,以便受到法律的保护。根据经纪活动方式不同,体育经纪合同分为委托合同、行纪合同和居间合同。合同内容通常包括双方基本情况、服务范围、经纪期限、佣金支付、合同终止和争议解决等条款。

（五）仲裁与处罚制度

仲裁制度的作用在于当出现争议和纠纷时,体育经纪人或相关体育组织与人员可以书面方式向相应仲裁机构提请仲裁。

仲裁机构在进行裁决前往往会寻找一个双方都能接受的调解办法,若调解不成功,争议双方须出示相应证词与证据,仲裁机构在规定期限内进行裁决。

由于经纪活动具有一定的隐蔽性,容易滋生一些欺诈行为。当体育经纪人出现违法违纪行为时,由市场行政管理部门或有关体育组织给予处罚,处罚的量级包括轻者通报批评、经济制裁,重者责令停业、取消体育经纪人资格、吊销执照,直至刑事处罚。

（六）培训制度

近年来,我国已开始重视和加强体育经纪人的教育培训工作,主要指体育经纪人的业务素质能力的培训和继续教育。培训内容包括相关法律法规、市场营销、经济合同、公共关系和行业规范等方面。定期接受继续教育也是体育经纪人保留从业资格的必备条件和提高业务素质与能力的有效途径。

第十章　出版经纪人实务

第一节　出版经纪人的含义、分类与作用

作为经纪行业的一个类别、一种专门的职业,我国出版经纪人尚处于萌芽状态,而在西方,出版经纪人及其经纪活动已被出版界、出版发行业和作家们广泛知晓并认可,其行为受到法律的约束和保护。作者、出版经纪人、出版社、发行机构和销售网点已成为一个紧密联系的图书出版系统。了解出版经纪人的概念、分类与作用,西方出版经纪公司现状,西方出版经纪人模式的发展与变迁,我国出版经纪人的发展现状和存在形式,以期对我国出版经纪人的发展具有借鉴作用。

一、出版经纪人的概念

出版经纪是随着市场经济发展的深入、图书市场的发展和经纪行业的兴起而出现的一个专业化的新兴行业。从出版业发展进程来看,出版经纪公司正是图书市场发展到一定阶段的必然产物。它迎合了图书市场的需要,从经纪行业中发展而来。出版经纪人作为沟通者,沟通作者与出版社、出版社与出版社、出版社与发行机构,具有经纪行业的特点。因此,出版经纪人又称文学经纪人或者文学代理人。对于出版经纪人,《牛津英语大辞典》(2002 年版)是这样定义的,即"代表作者与出版社打交道的机构或个人"。由此可见,出版经纪人就是接受作者的委托,代理作者作品版权及其他出版事宜,并向作者收取中介费的出版中介人,是介于作者与出版社、报刊以及其他媒体之间(因为著作的版权通常会涉及其他的媒体,如图书转载或被改变为电视剧、电影)的"第三实体"。简言之,出版经纪人就是介于作者和出版机构之间的

中间人,负责把作者的作品通过出版社的出版活动介绍给读者,并从中获得一定的报酬。

二、出版经纪人的分类

目前,出版经纪业务主要有三类:

文稿著作经纪。即以委托代理的形式为著作人寻找最佳出版单位,提供系列服务。

国家间的版权代理。即促进出版物版权贸易的活跃,维护著作权人、出版单位的合法权益。

出版物发行代理。他们与出版单位的自办发行进行有机结合,为中小出版社提供发行代理服务,可拓展其流通领域,形成与出版集团规模经营相并存、相竞争的局面,所以说,出版经纪人是伴随着书刊走向市场而产生的。出版经纪公司是介于出版机构与作者之间或出版机构之间,代理出版、设计选题、协作组稿和代理版权贸易等收取佣金的经纪公司。

三、出版经纪人的作用

(一) 合理调整社会文化资源

判断一个文化市场合理与完善的标志就是实现文化资源的合理配置。在现代社会中,文化市场及其交易总会受到或多或少的负面影响,而欲减少负面影响,除了通过健全、完善的法律法规外,出版经纪人的作用是不可忽视的,其作用效果非法律法规所能替代。对社会的文化资源配置,出版经纪人能起到特殊的调节作用,组合各种社会文化资源,以社会效益主导经济效益,让文化的内在价值融入各类文化产品之中。

(二) 文化市场发展阶段的催化剂

我国的文化市场经济还处在发育的初级阶段,还没有形成一个统一的大市场,因而,普遍存在的是市场分裂和市场割据的局面,这种状况不利于文化市场的发展与完善。所以，出版经纪人的存在不仅是必要的，而且还可以成为促进文化市场发展的催化剂。因为出版经纪人能够把分散的、独立的个别市场联结起来，适应市场需求，促进出版市场的发展。而且，对于进行选题项目论证、营销方式策划和勇于开拓国际市场的出版社来说，出版经纪人凭借其专业的知识背景提供的预测、论证和调查报告特别重要。

（三）推动文化市场的个性化发展

文化创作总是强调个性化、创作自由和风格的唯一性。每位文化创作者都渴望公众对其作品充分理解。这就是说，在狭义的创作过程之外，还存在中介的再创造空间。出版经纪人的任务就是把文化创作者的活动进行市场推广，经纪人运作本身就是一系列颇有远见的创意结果。

（四）世界文化交流的桥梁

随着我国对外开放程度的加大，外国的文化资本和文化产品会越来越多地进入我国。国际文化交流与合作将更加活跃，国际间不同文化的相互渗透将更加激烈。大量精神文化产品、社会政治理念和道德价值等将输入我国。对此，我们在保持中华文化的优秀传统前提下，既要吸收外来文化好的精髓，又要消除腐朽文化的侵蚀，因此，需要大量的出版经纪人，通过他们的工作，在世界范围内提高我国文化产品的市场竞争力和市场占有率，向世人展示中国文化的巨大魅力。

第二节　西方出版经纪公司现状

美国国际作家之友协会在《北美经纪人》第五版中，曾对该书收列的出版经纪公司进行问卷调查，然而书中并未交代样本数、回收率及调查时间。虽然这一份研究报告严格说来并不够严谨，存在着代表性不足等问题，但国外有关出版经纪活动的研究并不多，因此，数据仍具参考价值，有助于我们了解北美地区的出版经纪活动。

这份调查结果显示，在接受调查的北美出版经纪公司中，有 90％的经纪公司的客户数在 100 位以下,而有超过一半(57%)的公司现有客户不超过 50 位。这一结果显示:现代出版经纪公司并不是追求大量客户,而是倾向于针对少量多产的作家,提供更个性化的服务。

在收费方面,有 58% 的经纪公司抽取 15% 或超过 15% 的佣金。另外,有 51% 的出版经纪公司收取额外费用,项目包括办公室费用、文稿修改费及公关活动费用等,而有 49% 的经纪公司收取编辑费用。所谓编辑费用,因公司而异,从给予评论、指导,到提供逐行修改、重写的服务都有可能。

由于大部分受访者不愿公开公司的收费政策,因此,大都拒绝回答收取额外费用的问题,只有 38% 的出版经纪公司承认向作家收取审稿费,但其他经纪公司有可能是以其他的名目收取。

在客户收入方面,有 92% 的经纪公司表示,其客户在写作上的年收入平均低于 5 万美元,只有 2% 的出版经纪公司客户写作年收入超过 10 万美元。

82% 的出版经纪公司表示,其客户中有超过一半是有出书经验的作家,而 58% 的经纪公司表示,其 3/4 的客户是已有出书经验的作者。

87% 的受访经纪人已有超过 5 年的资历,其中 58% 的资历在 10 年以上。显示近几年来,少有出版经纪公司新开业,新进的出版经纪人生存不易,因此而关门大吉的经纪公司数量也相当惊人。

综上所述,我们可以了解到北美的出版经纪活动现状:半数以上的出版经纪公司客户总数少于 50 位,并大多向作家抽取 15% 以上的佣金。这些出版经纪公司的客户,在写作上的年平均收入大多低于 5 万美元,且大部分客户是已有出书经验的作家。绝大部分的出版经纪人从事出版经纪工作超过 5 年。

第三节　西方出版经纪人模式的发展与变迁

当今世界文坛异常活跃,各种畅销书你方唱罢我登场,令人目不暇接。刚刚有了《达·芬奇密码》的风靡全球,接踵而来的就是《哈利·波特》的热销奇迹。在这些畅销书的背后,出版经纪人的身影越来越吸引了人们的目光,是他们的劳动,创造出一个又一个出版界的销售神话。西方出版经纪人模式已经风行百年,日臻成熟。在中国,随着文化产业的发展,出版经纪人的队伍也在悄然壮大。不过和西方出版经纪人模式相比,我国出版经纪人行业尚处于起步阶段。回顾西方出版经纪人模式的发展历程,对我国出版经纪人行业的发展有一定的借鉴意义。

西方出版经纪人模式的发展大致可以划分为三个阶段,从起初的出版中介人,发展到后来的作者利益代言人,进而变身为作者事业的策划师。

一、出版中介人

现在出版界公认,出版经纪人诞生于19世纪70年代的英国,人们一般把苏格兰人 A. P. 瓦特看作是第一个职业出版经纪人。瓦特曾做过图书销售,后来和出版商斯特拉罕的妹妹结婚,为斯特拉罕的出版公司做广告代理。他帮朋友出版作品,并意识到其中的商机,于是开始了职业出版经纪人生涯。

西方初期出现的出版经纪人是联系作者和出版商的中间机构或个人,他们与作者签署版权经纪合同,接受作者委托,代理作者作品版权,帮助作者寻找出版作品的机会,并从中获取一定的收益。

出版经纪人的出现方便了作者,因为作者往往对出版业内的行情不是十分了解,同出版商打交道不是十分在行,通常也不愿意投入过多的精力和时间去和出版商在版税问题上讨价还价。而出版经纪人熟知行业内情,懂得出版行业的操作规范,由他们为作者代理作品的出版事宜,作者就可以从事务性的活动中解脱出来,全身心地投入到写作中,有利于写出更多更好的作品。

不过出版商一开始并不乐意接受出版经纪人,他们觉得出版经纪人是在和他们抢生意。但是,这种情况随着经纪人市场作用的日益显现,出版商也意识到出版经纪人存在的必要性。逐渐地,出版商开始愿意和熟知行业规范的出版经纪人打交道了。因为面对那些不懂出版行业的作者,出版商得进行介绍和解释。而和出版经纪人打交道,双方的商谈可以直奔主题,省去许多口舌。更为重要的是,出版经纪人充当了稿件过滤器。"他们站在第三者的角度对书稿的评价较为客观,从而能正确估计该稿件在出版物市场上的价格,使出版商付出较为合理的版税,使书稿的价值得以最大限度地实现。出版社编辑人员也因此减少了许多案头工作。因为出版经纪人对稿件首先进行过滤，将一些根本没有出版价值的作品加以裁汰，使这些稿件不再被送到编辑手中；对于可以出版但又需要修改的稿件则直接向作者提出修改意见，协助作者将稿件改好，以便适应出版的要求，实际上是为出版社把了第一道关。他们只将自己认为可能出版的稿件送给出版社的编辑审阅"。美国出版社的稿件大部分来自出版经纪人之手，较少采用没有经纪人的自由来稿。在选题和编辑程序上，有出版经纪人推荐的稿件很快就能得到认可。而对于未经过经纪人推荐的自由来稿，要经过初审、第一道复审、第二道复审、最后决定采用等多道程序，要经历很长时间。

因为经纪人了解出版行业的操作规程，了解出版市场的变化，了解出版商的需要，所以他们成为联系作者和出版商的桥梁，受到作者和出版商的认可，其结果就是这个行业得到了发展。19 世纪末英国境内的作者经纪公司并未超过 6 家，但 1946 年时有 35 家，1966 年时增至 55 家，1986 年又增加到84 家，1995 年时已超过 138 家。

随着出版经纪人队伍的壮大，其角色也在悄然变化。

二、作者利益代言人

图书出版业到了 20 世纪六七十年代有了重大发展。首先，图书的销量大幅度增长。随着人们受教育的程度越来越高，读书的需求逐渐显现出来，图书零售业得到迅猛发展。书店的数量猛增，除了书店之外，人们在超市、连锁店甚至一些百货商店都可以买到图书。图书的销售额达到史无前例的水平，图书销量大增的一个直接结果就是版税收入有了大幅度提高。其次，著作传播的途径有了很大拓展。一部著作除了出版成图书之外，还可以改编成电影、电视剧、戏剧或把小说中的人物制作成玩具或文具等。图书除了在本国出版之外，还可以翻译成各种语言到国外出版。这样一来，附属于图书版权之上又有了许多附属权利，包括电子权利、图片和电视的播映权、音像权利、视听权利、推销的权利和戏剧作品的改编权等。这些附属权利都是著作的收入来源，随着新技术的发展，一部著作可以以不同的形式再出版，这样，附属权利就可以为作者带来丰厚的收入。看到著作权带来的收入越来越多，很多出版经纪人清楚地意识到，他们自己的收益和作者的收益紧密相连。要想增加自己的收入，就必须全心全意为作者争取更多的利益。

到 20 世纪 70 年代，有一大批法律界的人士加入出版经纪人的队伍。他们不仅仅把自己看作是作者和出版商之间的中介，更是担当起作者利益代言人的角色。莫顿·詹克罗是他们中的一个代表。詹克罗原来是纽约一家有名的律师事务所的律师，他的老朋友萨菲尔原来是尼克松总统的秘书，了解水门事件的内幕。水门事件曝光后，他想要写一本这方面的书。原来没有和出版商打过交道的律师詹克罗要为老朋友代理出版事宜，他知道这种暴露内幕的书的销售潜力及其对出版商的吸引力，于是他同时联系了多家出版商，从中选择愿意出价最高的出版商。詹克罗以多年从事律师工作的经验，从出版合同及其相关的各种文件中为作者谋求最大收益。如遇到有违反合同之嫌的出版商，他就会拿起法律的武器，维护作者的利益。结果是他不仅为老朋友争取了最大的利益，而且自己也一举成名，成立了自己的出版代理公司，专门为作者代理出版事宜。

几乎和詹克罗同时，一大批法律界人士开始把目光转向图书出版业。律师变身为出版经纪人，是当时时代发展的要求，正如夏红军所说："现代著作权日益复杂，附属权利也渐趋多元，使得出版合约谈判难度增加，经纪人必须具备法律知识方能胜任。有鉴于此，部分出版经纪公司便开始聘用有法律背景的人才。最近这几年，英美有一些专业律师开始投身于出版经纪工作，于是出现了'律师经纪人'。"

越来越多的"律师经纪人"的出现，改变了出版经纪人行业的生态。原来的出版经纪人在充当作者和出版商之间的中介时，不免和出版商的关系更加密切，因为和单个的作者相比，出版商是强势的一方，如果和出版商联手，经纪人从中可以获得较多的利益。而现在随着著作收入的大幅度增加，新从业的经纪人发现，和出版商联手去挤压作者手中那点可怜的收入，还不如和作者站在一起，从出版商那里争取更多的利益，这样他们的收益会成倍增加。许多人的律师从业经验让他们明白，从财富丰厚的一方争取到的利益一般来说会多于从收入稀薄一方争取来的利益。虽然和作者相比，出版商较为强势，但这些熟知法律的经纪人能抓住出版商的软肋，让他们把作者应得的收益拿出来。在为作者争取利益的同时，他们自己的收益得以大幅度提高。于是，出版经纪人的角色从起初阶段的出版中介人，转化成后来的作者利益代言人。

三、作者事业的策划师

"律师经纪人"的出现对出版经纪人行业发展起到很大的推动作用,不过他们关注的焦点经常是在著作出版的利益分配上。他们不遗余力地要从出版商那里为作者争取利益,在利益蛋糕的分配上让作者尽量能分得较大的一块。随着出版市场的发展,竞争越来越激烈。一部作品要想取得丰厚的经济回报,首先须得到市场的认可,在销售业绩上取得成功。也就是说,首先得把利益蛋糕做大,然后才谈得上分蛋糕的事情。而现代社会,一部作品要在销售上取得成功,从选题到广告、发行阶段都得经过精心策划。于是,新一代的出版经纪人应运而生,他们的角色是作者事业的策划师。

首先,出版经纪人需要对出版市场有深入全面的了解,知道市场上什么样的作品会受到欢迎。其次,好的经纪人对出版社有着较为清楚的了解,他们知道不同出版社的编辑们对哪些选题更感兴趣。这样,和作者确定了合作关系之后,出版经纪人要和作者一起进行选题策划,然后联系出版商,把作者的选题报送给最可能感兴趣的出版商。

经纪人给出版商报送选题的方式有几种选择。第一,是一对一的报送,如果经纪人知道手中的作品很符合某一出版商的需求,就会直接送给这个出版商。第二,是一对多的报送,也就是经纪人把作品同时报送给多家经过挑选的出版商。如果有一家对作品感兴趣,就和这一家进行洽谈。一旦有多家出版商对作品感兴趣的话,经纪人就处于很有利的位置了。他就可以召集这些出版商的组稿编辑,对作品进行拍卖,最后把作品报送到能给作者最优惠条件的出版商。

对于经纪人来说,给出版商报送选题,其实是一个推销作品和作者的过程。特别对那些新作者来说,情况更是如此。如果作品是非虚构类的,其选题也许得几经修改来适应出版商的口味。在这期间,出版经纪人就不仅仅是起一个牵线搭桥的作用了,他需要和作者以及出版商进行很好的沟通,让他们双方明白彼此的想法,争取得到各方都满意的结果,让作品顺利诞生。

一旦定下了哪家出版商接手作品,经纪人就和出版商洽谈出版合同的细节问题,商定哪些权利归出版商,哪些归作者。对于那些归作者的权利,经纪人就可以找到合适的机会出售。例如,著名的法兰克福书展和伦敦书展都是出售著作附属权利很好的时机。每次国际书展上,人们都会看到无数出版经纪人穿梭于展馆之间,或是交谈于密室之内。

除了帮助作者报送选题、签订合同和出售作品附属权利等具体的事宜外,出版经纪人最大的一个作用是帮助作者规划他的写作生涯。他们要花大量的时间来做市场计划,并从市场的角度维护作者利益。出版经纪人凭借自己对出版市场的了解和对作者的熟悉,会给作者提出一些具体建议,为作者策划以后的写作方向。例如,某位作者对某个民族的历史非常熟悉,喜欢写历史小说,出版经纪人就会根据自己的市场调研,告诉作者从哪个角度、写哪段历史更受欢迎,帮助作者制订以后一段时间的写作计划,规划作者以后的写作生涯。如果一个出版经纪人手中掌握着很多不同特点的作者,那么,他就可以按照市场的需求以及不同出版商的口味有计划地策划这些作者的写作了。

可以看出,现代的出版经纪人介入了作者从作品创作到出版营销的全过程,他们付出的劳动绝不比作者少。

在现代信息社会,人们关注的焦点在不断地变化,如果能在热点问题出现时推出顺应人们需要的作品,这样的作品可能一夜之间红遍全球,让作者一举成名。当然,作品最终能否成为经典,还得看作品本身的质量和生命力。但是在这个信息爆炸的时代,如果没有经纪人的推波助澜,很多一流的作品也许还被埋没在稿件的海洋中,没有机会一展风采。《哈利·波特》的成功,可以说,克利斯托费·利脱经纪公司功不可没。目前,英美出版市场上90%以上的图书是通过出版经纪人推动的,大部分作者不会同出版商直接接触。

出版经纪人行业的发展是顺应时代需要的,他们已经成为推动西方出版业发展的一支重要力量。目前,我国正处于启动文化大发展、大繁荣的关键时期,需要有促进文化事业发展的推动力量。不过,我国的出版经纪人队伍还没有形成规模,这个行业的发展还处于萌芽阶段。回顾西方出版经纪人模式一百多年来的发展历程,希望对我国出版经纪人行业的发展有一定的启示。

第四节　我国出版经纪人的发展现状与存在形式

按《辞海》的说法,经纪人是给买卖双方介绍交易并获取佣金的中间商人。经纪人是市场经济的产物,在发展经济、促进流通和繁荣市场等方面发挥着明显的积极作用。出版经纪人早已成为西方出版界的重要组成部分,出版经纪人的活动从市场潜力的探测挖掘、从潜力作家的发现培养,到策划具体的作品以及出版设计,再到营销,是一个体现全程策划、精心组织和体现高度组织性的严密过程。几乎所有的作家都有经纪人,为其打理业务。但是,在我国却始终处于"犹抱琵琶半遮面"的状态。积极推动出版经纪人行业组织的建立和发展,有助于推动中国规范出版市场健康有序地发展。

一、我国出版经纪人的发展现状

我国目前的出版经纪人队伍还有待完善。20 世纪 90 年代初,中国作家协会曾成立文化经纪人服务中心,尝试进行作家作品的代理。但是,因为当时市场还不成熟,出版社大多等着作者主动上门,所以这项作品的代理工作也就无疾而终了。当前,我国大多数作者没有自己的经纪人。《尘埃落定》的作者,我国著名作家阿来就是通过美国的经纪人为自己的作品找到了美国著名文学出版社休格顿出版公司,以 15 万美元的价格将《尘埃落定》一书在美国、加拿大和马来西亚三国英语版精装书的版权转让的。但其经纪人是美国的,而不是国内的。

从 2004 年年初到 2006 年,江鸣的身份还是作家经纪人。丰富的媒体经验和对出版业的熟悉,让他自信地想要发掘那些未出名的作者,将有潜质者包装推出,使其获得更大收益。为此,他还特意考了一个文化经纪人从业资格证。他认为,这是一片未开掘的土地,自己在做的是一项事业,但最后仍以失败告终。绝大多数所谓的出版经纪人或经纪公司还是靠着畅销书的版权代理来谋生的。正如王炜(北京雨淋霖文化信息咨询中心总经理,出版经纪人)所说,"从总体上来讲,不是很好"。

2008 年 1 月 9 日,北京图书订货会开幕当天,一场主题为"出版经纪人:创意产业新力量"的专场活动,使得业内一些人预测:2008 年有望成为"出版经纪人的元年"。借助这一活动,中华版权代理总公司与中国书刊发行业协会非国有书业工作委员会有意推动出版经纪人行业组织的建立。这次专场活动从版权交易的角度,一方面,维护文化公司和工作室的相关版权权利。另一方面,规范和引导文化公司、工作室与出版社的合作行为,遏制买卖书号行为,规范出版市场秩序。同时,如何积极推动出版经纪人行业组织的建立,让出版经纪人的活动彻底阳光化、规范化,日益成为中国出版市场需要迫切解决的问题。毫无疑问,规范和引导出版经纪人行业将有助于推动中国规范出版市场健康有序地发展。

二、出版经纪人的存在形式

(一) 具备出版经纪功能的机构和个人

1. 文化工作室或文化公司

在出版业分工更加细化、竞争日益激烈的情况下,一些熟悉出版流程,具有丰富实践经验的图书内容提供商和策划商具有未来"出版经纪人"的性质。这些民营书业公司,一方面具有出版商的性质,另一方面具有出版经纪公司的性质。这些图书内容提供商和策划商一般都是挂靠在图书工作室和文化公司名下。他们依靠对图书操作的熟练和对市场的灵敏度,最大限度地整合图书资源,沟通作者市场与出版物市场;另外,他们在国际版权贸易中也扮演着代理人和中介人的角色。有的图书内容提供商和策划商已经开始与国外的版权机构进行业务联系,通过出国调查访问,以灵活高效的运作,取得了国外出版机构的信任,这些人只要有适宜的外部环境,就极有可能成为真正意义上的出版经纪人。

这些具有出版经纪功能的民营书业公司,通常都与出版社结成合作伙伴。他们具有选题策划、内容供应和出版策划能力,不仅与出版社和出版商合作策划选题、制作图书、合作出版,还可与作者联系出版事宜,使更多的作品及早问世,繁荣图书市场和文化事业。例如,北京读书人文化艺术有限公司,主营励志类、经营管理类图书。其代表作品有《富爸爸和穷爸爸》《谁动了我的奶酪》《大卫·科波菲尔不可能的故事》等;读图时代文化发展有限公司,主营漫画及图文书籍,如《读图时代世界未解之谜漫画本》《老故事新漫画》《鞠萍姐姐伴你读童话》等;正源图书公司,主营人文、社科文学图书,如《北大传统与近代中国》《格调》《晃晃悠悠》等。

在专业化的过程中,这些民营文化公司的一部分策划人逐渐转向真正意义上的出版经纪人。他们提供各种文化中介服务,目标是成为知名作家与创作人的重要媒介,为作者服务,解决出版社找书难和作者出书难的问题,为有潜力的作者提供代理服务,收取作者佣金。

2. 版权代理公司

目前,在经过国家版权局批准成立的28家版权代理机构中,有24家均逐鹿于图书出版领域,较活跃的有中华版权代理公司、北京版权代理公司、上海版权代理公司和广州西万达版权代理公司等。目前的版权代理机构,有的将业务集中在提供法律咨询和代理解决著作权纠纷上,也有的版权代理公司集中力量,专攻作家作品的代理,就其主流来看,其主要业务大都集中在作家作品代理和图书版权中介上。简言之,目前我国版权代理公司在很大程度上也扮演着出版经纪人的部分角色。

3. 出版社带有出版经纪人性质

近年来,我国一些出版社开始对作者实行签约作家制度,如青年作家郭敬明与春风文艺出版社的成功合作等。但是,就我国出版界的总体情况来看,这种制度尚不成熟。人民文学出版社策划室主任孙顺林认为,现在在我国实行这种签约制的时机还不够成熟。虽然目前国内的流行音乐以及影视娱乐界经纪人制度已经初具规模,但作家与歌手还有不同之处,甚至与国外的作家也有一定差距。在国外,尤其是畅销书作家,他们可以按照经纪人的要求"制造"出适合市场需求的图书产品,而我国作家的创作个性是第一位的,他们的创作是随着不同的条件而变化的,难以事先规定。另外,由于作家的创作状态不稳定,出版社也难以保证其所写的所有作品都适合出版,或是保证出书所获得的利润能够平衡出版社宣传包装的前期投入,从而最终导致双方都有一些承诺无法兑现。另外,目前我国一些出版社所实行的项目负责人制度,也带有经纪人制度的色彩。例如,白岩松、韩寒、郭敬明等,都可以算是被包装过的作家。

(二) 具有出版经纪功能的网络稿件交易中心

随着互联网的广泛应用,网络建设成本低廉和信息传播及时便捷的特点,使得一些具有出版经纪功能的稿件交易中心不断涌现出来,形成了地域性或跨地域性的全国网络平台。出版社和作者都可以利用网络平台从事稿件交易,其中比较有影响力的有中国荐稿网(http://www.jiangao.com)、榕树下(www.rongshuxia.com)、京华传媒网(http://www.jhcm.com)、三石图书文化传播网(http://www.3stonebook.com)等。其中,京华传媒网被称为中国国内最大的原创文稿代理机构和文稿提供商。它是由活跃在北京传媒界的一群青年记者、编辑、资深撰稿人和传媒学者合作创办的传媒稿件服务网站,并为传媒人提供自助建站服务。它独家代理中国媒体境外广告销售,可以实时查询,如电视时段、报纸版面等广告的使用情况。网络稿件交易中心通常都提供稿件推荐,帮助作者出书、为媒体约稿等服务项目。它们也采取会员制让本站会员的稿件优先推荐,并且会员的作品远比一般来稿发表机会要大。它们从作者手中收取 20%的推荐费,在收取的 20%的推荐费中,一部分给荐稿人。

此外,这些网站交易中心为了吸引用户,增大自己交易平台的浏览量,提高知名度,还提供相关信息服务,如作者书稿自我推荐信息免费发布、出版社新书信息免费发布,出版社书库存书信息免费发布等。例如,京华传媒网在其网站上搭建的图书出版平台,提供了稿件交易服务,动态提供出版信息,同时还受国内数十家出版社委托,公开征集各类内容健康合法且有一定市场的畅销书稿。

当今社会,网络盛行,一些作家,特别是一些年轻的网络写手,借助网络这个新兴的传播工具来沟通与出版者的关系;出版社也乐得从网络写手中发现比较有潜质的作家,这几年确有一些作家从网络中脱颖而出,为社会所熟知。

(三) 真正意义上的出版经纪人

当前,我国内地的出版经纪人或出版经纪公司的确切数字尚无法考证,但可以肯定的是,我国的出版经纪人正逐步由幕后走向台前,由海下浮出水面,并在我国的出版市场上发挥着越来越大的作用。

目前,被业内人士所普遍认可的扮演出版经纪人角色并做得比较出色的有原春风文艺出版社总编安波舜,其经纪业务主要是文学小说类书籍;自由撰稿人丁东、雨霖铃文化信息咨询中心总经理王炜、号称我国大陆首家出版经纪公司的汉青文化信息公司、《沿海风文学》及沿海风畅销作家工作室、我国台湾地区首家出版经纪公司紫石坊创作工作室等。他们借鉴国际上已有的出版经纪制度,以培养和挖掘具有创作潜力的新人为目标,发现和扶植更多作者,帮助他们尽快成长,并通过包装,将他们迅速推向社会。

第十一章 ❧ 艺术品经纪人实务

第一节 画 廊

在艺术产业化时代,艺术市场获得了空前的繁荣。画廊作为一级艺术市场中介,是艺术品市场主体的重要组成部分。画廊推进艺术家与消费者、传统藏家与资本投资的关系,促进艺术品的艺术价值和商业价值的转换,也进一步促成艺术创作的社会认同和经济效益,扩大了艺术家及其作品的社会影响,同时,也带来了艺术生产的深刻变化:①艺术创作从过去的个体独立行为变成市场中的社会化组织过程;②艺术家从有独立意识的个体转变为庞大的艺术生产系统中的一个环节;③滋生出了专业的艺术中介人;④引发了艺术生产与艺术消费的置换。

一、美国艺术画廊

美国艺术市场的历史很可能比这个国家的历史还要长一些。一些史料显示,早在美利坚合众国尚未成立的 18 世纪初期,报刊广告中就零星可见收藏出售的广告。美国有史料记载的最早的画廊可能是由德国移民迈克尔·帕夫在纽约市百老汇大街 228 号开办的。根据纽约市商业机构注册名录显示,1811 年,帕夫注册了"帕夫画廊"(Paff Picture Gallery)。起初,这间画廊的经营方式类似美术馆,只展出帕夫的收藏,向参观者收取门票,同时公众可以订阅他定期刊出的收藏目录。这些目录中共记载了 230 件画作,多数作品据称是伦勃朗和鲁本斯等人的作品,还有美国艺术家本杰明·韦斯特、基尔伯特·斯图尔特等人的作品。1818 年开始,他的经营方式有所改变,开始通过多种方式出售自己的收藏。他曾经希望有美术学院可以整体购买一批藏品,也曾在报章杂志上刊登广告,称艺术爱好者们可以在他的画廊找到价廉物美的艺术品。从商业模式上说,帕夫画廊从这时起由美术馆转型成为商业画廊。

美国经济在 19 世纪末的腾飞令美国进入了所谓的"镀金时代"。这一来自马克·吐温的同名小说的名词,形象地描绘出当时美国富翁们急剧增长的财富与社会道德沦丧、修养贫乏共存的现象。正是在这样一个时期,来自欧洲的艺术品经纪人,看到了拥有大批"新钱"的美国富翁,需要用艺术品提升自身地位与品位的渴望。他们将大量欧洲艺术品销往美国,并在美国开设经纪公司或者画廊专门从事这一业务。在此背景下,从文艺复兴到印象派的欧洲艺术作品进入美国市场。在 19 世纪中期的纽约有号称"三大经纪人"的画商——迈克尔·寇德勒、查尔斯·克劳夏尔和丹尼尔·克提尔,他们都主要经营包括尼德兰画派、法国古典画派和英国风景画在内的各种风格的欧洲艺术。

这些美国早期的艺术画廊最初以向美国国内销售欧洲古典以及现代艺术品为主,而进入 20 世纪初期,它们也开始将美国本土艺术家纳入其经营范围。例如,金贝儿与维尔登斯坦合伙开设的画廊曾经在 1905 年就开始为美国艺术家基尔伯特·斯图尔特和爱沃瑞特·辛等人举办画展。这些欧洲画廊人和经纪人为初步培养美国民众和收藏家的艺术品位,以及美国艺术市场的初步发展奠基。

进入 20 世纪,画廊在艺术市场以及艺术推广中的作用越来越显著,同时,这一时期的画廊开始经营当代欧洲与美国艺术以及各类先锋艺术。例如,1905 年,阿尔弗雷德·斯蒂格利兹开办旨在推广"摄影以及先进艺术"的"摄影分离派小画廊"。斯蒂格利兹的时代也是纽约成为美国艺术市场的中心的时代。之后的数十年,美国画廊业与美国的社会与经济生活一样受到两次世界大战、经济大萧条等重要事件的影响,曾经经历了数次起伏。与整体美国经济一样,直到第二次世界大战之后,美国画廊业才重新获得平稳发展。

第二次世界大战之后至 20 世纪 60 年代,随着抽象表现主义等浪潮在美国的兴起,纽约成为艺术中心,吸引着大批艺术家涌入。苏荷区的廉价而空旷的厂房成了艺术家工作和居住的最佳选择,苏荷艺术区开始兴起。1970 年,卡斯特里和艾默里奇以及一家海牙艺术运输公司共同集资成立"西百老汇 420"公司,共同拥有并且经营建筑的产权。西百老汇大街 420 号的开业标志着苏荷区成为纽约画廊业的中心,也标志着美国的艺术画廊业进入了前所未有的繁荣阶段。

二、我国香港地区艺术画廊

2006 年,我国香港地区现当代画廊总数不超过 10 家。此后,画廊数量已增加到了今天的 100 家左右。其中,除了本地老牌画廊,如汉雅轩、精艺轩等,还有新晋画廊,如方由美术、赞善里画廊等。从 2010 年开始,超过 30 家国际顶级画廊,如高古轩、白盒子等进驻我国香港地区。美国、英国、瑞士、比利时、荷兰等不同国家的画廊都进驻我国香港地区,使其出现了画廊业的"联合国"现象。因为我国香港地区的画廊负责人来自不同的国家,所以,艺术品的来源也呈现多样化趋势,南美、印度、法国、英国、日本、韩国的都有。

随着香港画廊业的蓬勃发展,香港画廊协会也于 2012 年成立。其目的是会聚业界力量,推动本港画廊的发展。在 2014 年,就有超过 1 500 个现当代艺术展。这很大部分原因是由于顶尖的巴塞尔国际艺术博览会在 2011 年正式进驻我国香港地区,令香港一时间成为全球瞩目的艺术中心。香港画廊协会成立之后,规定了协会的三个方针:第一个方针是为画廊业发声,希望将画廊业变为产业化和标准化的产业,让画廊在整个艺术生态里的定位明确。第二个方针是为了把香港画廊与大众连接,或者是往外推广,建立一些网络,作为产业来一起往外介绍,让各家画廊做得有所区别。第三个方针是整合画廊圈的各种资源,既有教育性又有娱乐性。

香港画廊协会举办了香港画廊周,并且初见成效。经过两届的香港画廊周后,2015 年的第三届香港画廊周将视角聚焦于整个亚洲区域,探索香港在多元的亚洲艺术界中如何成为迅速发展的艺术中心。

三、中国大陆艺术画廊

自 1993 年中国大陆第一家画廊正式注册以来,画廊业取得了迅猛发展。据《中国艺术品市场年度研究报告(2011)》的统计数据,到 2011 年年底,中国大陆的画廊接近 11 000 家,仅北京地区画廊就有 1 720 家,上海市画廊 397 家,珠三角画廊 881 家,浙江画廊 954 家,其中主营性画廊为 3 920 家,占到画廊总数的 35.6%,画廊从业人员达到 2.36 万人,画廊总成交额达到

82.64亿元,将艺术品市场的发展推到了一个新的高度。仅以北京798为例,截至2013年8月,798入住的画廊(艺术空间)超过110家。在这里集聚的艺术家及艺术活动已经使得该地区成为北京文化新地标和当代中国艺术的象征,在当代中国艺术市场发展中起到越来越重要的作用。

随着画廊整体力量的提升,画廊在立足本土的同时,国际化视野也更加开阔。自2004年举办首届中国画廊博览会以来,已经连续举办了10届;参加巴塞尔文献展的画廊也在逐年增加。虽然从整体上看,中国画廊还不具备国际竞争力,但是中国画廊及其代理的艺术作品逐渐成为西方艺博会和拍卖会的热门,已成为一个不争的事实。尤其是以2013年巴塞尔艺博会首次落地我国香港地区作为标志性事件,为中国画廊业整体实力的展示和提升提供了一个重要的国际平台和途径。

随着中国艺术市场的崛起,国外的画廊业越来越注重中国的艺术市场,越来越多的国际画廊进驻大陆,尤其是北京、上海等地。以北京798为例,"东京画廊"在北京798举办的、由巫鸿策展的《北京"浮世绘"》,展出了黄锐、江海、马悦、宋冬和隋建国等艺术家的作品,揭开了"798"作为中国当代艺术中心的大幕;"佩斯北京"是目前798里建筑面积最大的画廊,由美国最具影响力的"Pace Wildenstein"于2008年开设,画廊一直致力于推动中国当代艺术的发展,对中国当代艺术走向国际市场有重大的推动作用。这些具有国际视野和运作经验的画廊进入中国,一方面,能够带来成熟的市场经营模式和经验,有利于促进画廊业的良性发展,有助于市场的多元和成熟;另一方面,由于国际画廊在资金和运作模式上与国内画廊相比都占有较大优势,也会给国内的画廊业带来很大冲击。

画廊的运作集聚了艺术生产和消费的诸多因素。在整个艺术生态系统中,画廊最直接地联系起艺术家、艺术品、策展人、经纪人以及投资人和消费者。"它既帮助建立了艺术生产者与消费者之间经常的联系,又制造了对艺术保持固定兴趣的顾客,使艺术家不必想着如何去讨好他的公众。"

按照经营方式来划分,画廊可以分为以下两种方式,一种是主营性画廊,另一种是非主营性画廊。非主营性画廊是指不以艺术交易为目的,而重点提供艺术展示、交易支撑服务的画廊。主营性画廊是指以艺术品展览、展示和艺术品交易为主要经营内容的画廊。按照具体运营模式来划分,主营性画廊有以下特点：一是签约代理制，即通过签订合同的方式，获得艺术家作品的独家代理权，然后通过一系列的市场营销策划活动来包装和推介艺术家及其作品，并从中收取代理费。这种方式也是当下世界通用的画廊运营模式，但是目前国内的画廊代理制度还处在起步和发展阶段，签约机制还不够完善。因此，具体到每个画廊的签约画家类别、人数和签约年数等都有较大差异。二是"画廊"＋"画家"的模式，也就是画廊只专注代理某个或者某一类画家的作品，但是又没有取得画家的签约，仅仅是通过代理画家作品获取利润。三是"画廊"＋"作品"的模式，画廊通过各种渠道获取艺术家的作品，再经过艺术交易，获取利润。四是"画廊"＋"活动"的模式，即画廊为艺术家提供场所举办艺术展览，或者协助艺术家进行策划、展览和作品销售来收取费用和艺术作品。

随着信息技术的发展，画廊的运作还出现了一种新型的模式，即网络推介。所谓网络推介，具体而言就是画廊为艺术家建立完整的个人数据库资料，开设数字展厅，通过画廊的网站以及其他的艺术门户网站，向社会推介、宣传画廊代理的艺术家。当然，网上交易也已经成为画廊交易的一个新的拓展方向。例如，北京的红门画廊、上海的香格纳画廊、广州的维他命艺术空间，这些画廊都通过自己的网站推介旗下的艺术家和作品，当然，它们也会在雅昌等艺术门户网站推销自己的画家和画作。不过，对于这些画廊来说，更重要的还是线下交易，尤其是针对大的海外目标客户。

通过画廊的运作，艺术生产、战略策划、作品展示、艺术投资和艺术消费的全部环节都能够完成。艺术家、艺术品、策展人、批评家、经纪人、拍卖会、收藏家以及围绕在画廊周围的受众共同组成了一个产业链，形成了完整的艺术生态圈——艺术家和作品需要借助画廊走向市场；美术馆需要经由画廊吸纳作品；策展人和经纪人则在画廊的组织下策划作品展，如798的画廊全部都有专职的策展人；艺术史家和批评家与画廊在一定程度上存在着"合谋"，如"佩斯北京"的总裁冷林本身就是著名艺术评论家，"程昕东国际当代艺术空间"直接以"程昕东"命名，而程昕东本人还是北京画廊协会会长。最后，投资家和收藏家则要通过画廊来完成收藏……通过画廊的生态圈，艺术家、艺术品、策展人、批评家和收藏家经过一系列的策略操作，完成艺术产业链的生产，实现艺术品的商业转化。

第二节　艺术品拍卖

通常而言，有三个时间节点对中国艺术品拍卖具有重要意义，即以1992年北京国际拍卖会中的"中国文物与艺术品拍卖"为起点，之后我国于2007年占据全球艺术品拍卖市场成交额第三名，随后，在2010年更是位居全球艺术品拍卖成交额的榜首。可以说，中国用了近20年的时间追赶上已经发展了1个世纪的欧美艺术市场。

一、艺术品拍卖概念和流程

（一）艺术品拍卖概念

艺术品拍卖是指用公开竞价方式来出售艺术品，把艺术品的财产权利转让给最高应价者的买卖方式。在艺术品拍卖中，送拍人、买受人和观众等在同一场域内，共同参与艺术活动。总之，伴随着艺术品拍卖的进行，艺术商业价值反复更新。

（二）艺术品拍卖流程

拍卖的主要流程包括：①公司征集拍品，向卖家支付保证金，大概为拍品评估价的15％。②拍卖会举办前，有意向的买家支付5万～500万不等的保证金，取得举牌资格。③拍卖会举办日，拍卖公司需退还未竞买成功者保证金。④拍卖会举办后35日内，竞买成功者支付拍品款，拍卖公司转移拍品所有权。⑤拍卖会举办35日后，拍卖公司向卖家支付扣除佣金、税款、保证金之外的拍品余款。⑥委托交易弱失败，拍卖公司退还卖家的保证金。

二、中国艺术品拍卖模式与困境

我国最早的艺术品拍卖模式是就近从我国香港地区照搬来的，而苏富比或佳士得的香港模式只是这两家世界顶级拍卖行的经营模式之一,即每年嘉年华式的春秋大型拍卖会。当我们将这种国际高端模式引进中国境内后,则成为国内唯一的艺术品拍卖模式。于是,在中国,无论哪个城市成立多大规模的艺术品拍卖机构,其经营目标都是做中国的苏富比云云;其经营模式无论规模大小,无论拍品档次高低,一律都是春秋大拍,都是大型广告,精美印制,豪华布展。

我国行政管理部门依据国内唯一的拍卖模式进行行业规范,所有关于拍卖的行政法规都是按照春秋大拍的模式进行流程规范。实际上,拍卖作为一种交易方式,是一件时刻要进行的事情,任何一家拍卖机构每年举办的各类艺术品拍卖的场次少则几十场,多则上百场,而其运作模式多种多样。所以,国内重新学习并实践各种拍卖运作模式时,遇到了现行行政法规的障碍。中国的艺术品拍卖以一种模式在和国际上的多种模式竞争,以一种模式在应对市场的万千变化。因此,中国的艺术品拍卖不仅要面对宏观经济下行给艺术品市场带来的迟滞,而且面临国际市场的更加多样化的竞争以及无力突破的行政法规的束缚。当然,还有从业者自身的专业素养和经营理念的局限,这些构成了眼前中国艺术品拍卖市场的困境,也是整个艺术品市场的危机。

三、中国艺术品拍卖市场的转型

首先,要在传统拍卖领域进行拍卖内容和拍卖形式的多样化实践。现实的中国艺术品拍卖规模已经在全球名列三甲,但其内容单一。中国艺术品拍卖市场经营的品种基本上是中国本土艺术品,这与欧美市场相比是一个巨大的局限。即使在中国艺术品范畴内也只有中国书画、明清瓷器和部分现代艺术品等几个门类,而中国书画就占了整个市场份额的60%以上,这与国际化的艺术品市场的差距非常明显。同时,经营模式单一呆板。每一个拍卖机构运营模式同质化明显,不是一个综合的艺术品经济体。单一的品种、单一的模式和同质化的经营带来的是效益浪费和服务能力与技能的降低。要改变这种状况,必须改造传统的中国艺术品拍卖模式,将拍卖专业化和普通化。所谓专业化,就是要根据各自的市场资源有特长地开展拍卖经营活动,做出各自的专业特色,满足市场日益多元化的需求,并建立自己的品牌特色。所谓普通化,就是在专业化的基础上将拍卖活动日常化和常规化。摈弃同质化的活动模式,根据拍卖内容和规模,针对不同的需求群体开展多样形式的拍卖活动。降低经营门槛,控制经营成本,提高经营效益,满足更广泛的市场需求,增加企业的市场支撑点。除了市场顶尖部分的高端运作外,绝大部分拍卖活动应该走多样化、专门化、普通化的路径。这既是行业和企业生存发展的需要,也是市场发展的要求。

其次,改变顶层法律法规和行政管理理念及方法。从市场实践来看,现行的关于艺术品拍卖的法规政策已经不能适应市场发展的需要。中国现行的拍卖法规和艺术品拍卖管理流程是基于 20 多年前的认知和实践制定的。20 多年后的今天,市场需求和行业形态发生了根本性变化。如果仍然沿用甚至强化过去的法律法规,必定会对中国的艺术品拍卖行业乃至整个中国艺术品市场的国际竞争力产生桎梏。特别是对于艺术品的网络拍卖,更不能仅仅参照已有的关于传统艺术品拍卖的管理办法,而应该将网络艺术品拍卖作为一个新的行业形态进行研究,推动其探索,扶持其实践,支持其发展。

最后,要大胆进行网络拍卖的实践。"互联网+"是一个不可逆转的大趋势,拍卖行业应该与之融合发展。目前,全球艺术品网上交易量已经占到世界艺术品成交额的 25% 左右,而且,其增长速度正在直线加快,中国的传统艺术品拍卖也不可能是例外。事实上,国内已经有一些拍卖机构进行了这方面的实践,一些互联网机构也在尝试网上艺术品拍卖。随着科技的革新与进步,互联网艺术品拍卖将在很大程度上取代传统拍卖的份额。

第三节　艺术品博览会

一、艺术品博览会概念

艺术博览会是指数日之内在一个相对固定的场所,由一定数量的画廊以及艺术机构,集中出售艺术品并进行推广与宣传的展销会。艺术博览会起源自集市,而集市的起源在封建时代的很多文明中,多与宗教活动相关。例如,在欧洲中世纪的基督教文化中,每逢宗教节日,各地教众在集会的同时会出售或者交换各类物品,逐渐形成集市。英语的"集市"一词 fair,来源于拉丁语的 feriae,意味 holy day,即"神圣日"。在封建社会,这些集市的出现,与道路、运输、货币和交易规则等基础设施与商业条件的逐步完善有密切关系。随着时间的推移,这些集市规模不断扩大、形式逐渐规范,除了食品、日用品外,陆续有一些工艺品出售,这就成为最早由艺术品交易的集市。因此,集市乃至之后专业艺术博览会的出现是整个经济、文化环境共同作用的结果。

二、艺术品博览会的雏形

16 世纪的欧洲有了专门出售艺术品的集市。大航海时代,荷兰共和国商业贸易高度发达,在诸多方面都给艺术市场带来了根本的改变。例如,艺术作品的消费群体扩大,除了王公贵族与富翁,普通人也会购买价格低廉的油画、版画、工艺品;而艺术家则会创造画幅小、可以快速完成的静物、风景、人像等主题类画作,以满足这类艺术品消费者的需要。随着艺术品交易的活跃,应运而生了专门出售艺术品的商人。加之商船从世界各地带来大量货物在达到港口后需要批发到欧洲各地,荷兰的港口城市安特卫普很快成为当时主要的货物集散地。因此,这里聚集着来自世界各地经营各类商品的商人。画商最初会在买卖书籍的交易会上承租一些摊位出售画作,之后便开始举办专门的艺术品交易会。这之后的数百年间,这一形式在欧洲艺术市场的发展进程中曾是版画等艺术作品的重要交易手段。例如,17~18 世纪法兰克福图书博览会就是欧洲主要的版画批发地。其中也有非常接近当代艺术博览会模式的以专门出售美术作品为主的博览会。例如,19 世纪末期,巴黎著名的画商乔治·派惕曾于 1897 年在巴黎为"绘画与雕塑协会"举办了一次国际艺术画廊博览会,成为印象派市场历史上一次重要的活动。

虽然艺术博览会的雏形在 16 世纪甚至更早就已经出现,但在数百年时间内,它都只是艺术交易的辅助手段,对艺术世界的影响有限。这一状况,直到 20 世纪 60 年代才开始发生改变。1967 年,联邦德国的两位画商海茵·施顿可和鲁道夫·茨文纳在科隆的居尔泽尼希节日大厅举办了一场名为"科隆艺术博览会"的艺术节,邀请来自欧洲各地的 18 家画廊,主要展出与出售现当代艺术作品。"科隆艺术博览会"出现的时期正是西方当代艺术开始进入繁荣的时期,加之第二次世界大战之后欧洲经济的复苏,科隆地处西德经济迅速发展的莱茵河工业区,当地对艺术收藏的需求日益增长。另外,从 20 世纪 60 年代开始欧洲画廊进入了一个持续了 20 余年的黄金时期。伦敦、巴黎、纽约这些艺术之都画廊云集,已经在周边形成了相对密集的画廊网络。但在欧洲的一些中小城市,如科隆,由于受人口数量与城市规模的限制,并未有如此集中的画廊分布,因此,区域内出现了艺术收藏需求增加与画廊数量有限之间的矛盾。艺术博览会的形式很好地填补了供需之间的平衡。

三、国外艺术博览会的发展阶段

科隆艺术博览会的出现,虽然开启了当代艺术博览会的新时代,但只有十余家画廊参展,最初的影响力只局限在德国本土。巴塞尔艺术博览会的诞生则将艺术博览会推向国际视野。1970 年,三位瑞士画廊人恩斯特·贝耶勒、特鲁·布鲁克纳和巴尔兹·希尔特,在瑞士小镇巴塞尔创立了"艺术巴塞尔"艺术博览会。恩斯特·贝耶勒作为 20 世纪中期欧洲最重要的画商之一,通过他的影响力使"艺术巴塞尔"突破了区域艺博会的形象,以国际艺术博览会的姿态亮相。首届"艺术巴塞尔"吸引了来自 10 个国家的 90 余家画廊和 30 家出版机构参展,参观人数达到近 2 万人。如果说科隆艺术博览会完成了在局域艺术生态内部为艺术家、画商、收藏家和艺术机构搭建平台的功能,"艺术巴塞尔"则在这一功能的基础上,又更广泛地向已有的艺术圈之外进一步拓宽了社交网络。这两个艺术博览会的诞生奠定了"艺博会"时代的基础,之后许多国家都陆续出现了类似的艺术博览会,其中很多博览会至今仍在运营。同时,科隆与巴塞尔艺博会的诞生也预示着当代艺术博览会以一种新的面貌重新进入历史舞台——艺术博览会不再是附属于艺术画廊体系的一种锦上添花的副产品,而是成为对艺术生态汇总产生巨大影响的有机组成部分。

20 世纪的最后 20 年,是艺术博览会稳步发展的时期。这一期间,虽然艺博会数量增长不快,但是种类越来越丰富,专业性逐渐突出。展售摄影、纸上作品或者艺术收藏中的小众门类的艺术博览会纷纷出现。例如,1988 年成立的"伦敦原版版画博览会",1989 年在美国纽约市成立的"现代主义:风格与设计的世纪"博览会都成为交易相对小众门类艺术品的专门博览会。其中也有一些规模逐渐扩大后,成为具有广泛影响的艺术博览会。荷兰的欧洲美术品博览会就是其中之一。荷兰的欧洲美术品博览会于 1988 年由几位欧洲古董艺术品经纪人在荷兰东南部临近德国与比利时的小镇马斯特里赫特创立,以非盈利艺术基金会的模式运营。欧洲美术品博览会最初以经营古董类美术品为主,后逐步扩展至珠宝、设计和当代艺术。根据欧洲美术品博览会官方资料报道,2017 年的欧洲美术品博览会期间,共有 250 家画廊参展,有来自60 个国家和地区的 7 万余名观众参观。同时,欧洲美术品博览会还从2003 年开始展开了对艺术市场交易数据的整理与研究,定期出版艺术市场研究报告,进一步拓展其影响力。

进入 21 世纪之后,艺术博览会进入快速增长时期。首先,艺术博览会的数量开始急剧增长,从 2004 年开始每年都有近 10 个新艺博会在世界各地诞生。而现有的艺博会则开始设法扩大自己的版图。巴塞尔艺博会在 2002 年率先将美国南部的度假胜地迈阿密纳设为新的展会地点,2013 年又在香港开设了“艺术巴塞尔”的香港展区。而上文提到的欧洲美术品博览会则在2014 年左右试图进入中国市场未果后,于 2016 年开始在美国纽约每年举办两次展会。欧洲美术品博览会出版的全球艺术市场研究报告显示,2015 年艺术博览会的交易额已经占到整个艺术画廊与艺术经纪总成交额的 40%,比2010 年增长了 49%。艺术博览会在当代艺术的版图之中已经成为无法忽视的一个组成部分,越来越多的艺术媒体、艺术市场与艺术史研究者开始关注这一现象。

四、我国艺博会的发展阶段

1993 年,我国内地在广州举了第一个艺博会,至今已过去近 30 年。我国艺博会的发展从起步到现在已经历了三个阶段,经过童年早期、青少年期,目前步入成年期。

第一阶段:初创与起步期。这一阶段大致可以界定为第一届艺博会举办到 21 世纪初,中国艺博会像一个新生儿。一方面,这种新颖形式让一些疲于艺术展的观者感到了前所未有的新奇与兴奋,毕竟引入艺博会的形式对中国艺术市场来说的确具有革新性的意义。另一方面,起步期的中国艺博会也像一个不成熟的娃娃,稚气未脱,了解国际艺博会常识的圈内人士一眼就看到了艺博会的诸多问题。艺博会本身是艺术交易的一级市场成熟到一定程度的产物,但中国的画廊与艺博会几乎同时起步发展,在艺术市场尚未准备充分的情况下引进,由于缺少举办经验,加上市场的不完备,早期艺博会存在方方面面的问题。例如,由于展位设计水平低、杂乱无章,赝品、行画充斥,展品水平参差不齐,艺术品、工艺品、艺术商品混杂等局面,与艺博会本该有的档次格格不入,更像艺术地摊、集贸市场、义乌小商品市场、艺术大卖场、大杂烩等。截至 2000 年,国内各地举办的艺博会已达十几个,早期艺博会的探索在启动国内艺术市场建设方面具有重大的历史意义,但种种问题也集中显示出其中存在的"无序"和"不规范",尤其是与国际艺博会对照时差距显著,无法与国际艺博会接轨,不足以真正承载起文化部寄望的"将我国优秀的艺术作品推向世界,进一步提高我国文化艺术的国际声望和地位"的艺博会功能。

第二阶段:寻求规范与本土化策略的探索期。这一阶段大致可对应 21 世纪的前 8 年,艺博会产业飞速发展。国内艺博会出现前所未有的"井喷"现象,很多城市开始筹办艺博会。以北京为例,2004 年除了老牌的中国艺术博览会和北京国际艺术博览会,还有新办的中国国际画廊博览会、青少年动漫艺术博览会和中国数码艺术博览会等,到 2006 年,又新增了"艺术北京"博览会、中国国际艺术品投资与收藏博览会。艺博会数量的增多,加重相互之间的竞争气氛,一些经验丰富的艺博会举办者基于多年艺博会的经验、教训以及理论界对于艺博会的质疑与反思,形成了自己对于艺博会未来发展的预判与自觉,规范化操作成为他们举办艺博会的自觉追求。这一阶段,有前瞻眼光的举办者开始参照国外艺博会的做法,尝试以国际化为标准树立自己的品牌,这方面上海艺博会、2004 年首次举办的中艺博国际画廊博览会和"艺术北京"较有代表性。中艺博国际画廊博览会率先规范国内博览会行业标准,以艺术画廊为参展单位,定位于国际性、专业性与未来性。中艺博国际画廊博览会的模式确实打破了混杂型艺博会的传统模式,取得了很好的专业反响。

第三阶段:精耕细作的分化期。这一阶段大致可对应为 2008 年至今。被视为艺博会风向标的上海艺博会在 2008 年出现参观人数和成交量双双下滑,当时很多人担心"艺术博览会热度降温"。然而事实却正好相反,2008 年之后,大大小小、各种名目的新办艺博会更是雨后春笋般出现在各省市的大中城市,2013—2015 年增幅更是惊人,博会热度不仅未见有所减,反倒显得热闹非凡。近几年,艺博会不再像初创期追求大和全,而是在某一方面精耕细作,办出特色,或者对市场进行细分,越来越成为一种趋势。上海近几年就出现好几个专题性很强的中小型艺博会,如针对有一定经济实力和市场经验的资深藏家服务的上海二十一当代艺术博览会(ART021),借鉴日、韩等地的"酒店艺博会"模式的上海城市艺术博览会,以影像为专题的影像上海艺术博览会(原名 Photo Shanghai),融合当代艺术与设计的西岸艺术与设计博览会,以及关注青年艺术家成长的上海青年艺术博览会等。精耕细作和分化经营的策略是艺博会市场本身走向成熟的必然结果,因此,也代表着艺博会的未来走向,国际上也是如此。

中国艺博会发展的三个阶段是以国内艺博会发展的整体进程为参照的。事实上,三个阶段可以看作艺博会的三种水平,较高的阶段也是艺博会未来发展的方向。在艺博会整体已经由混杂的大型博览会向规范化基础上寻找本土特色转变的趋势下,不论是老牌的艺博会还是新办的艺博会,如果不能在这一趋势中找到自己的立足点,必然会在剧烈的竞争中遭到淘汰。

第四节 艺术品微拍

相对于传统拍卖机构的运作模式,艺术品微拍进入门槛较低,市场运作主体以个人运作、团队运作和私营小微企业运作为主。近年来,艺术品微拍平台发展迅速。艺术品微拍是随着微信在国内广泛应用之后出现的新型文化业态,是代表新业态的微信与代表旧业态的艺术品拍卖融合的产物。

一、艺术品微拍的特征

第一,从内容形式来看,艺术品微拍是拍卖方把拍品的介绍信息和影像资料等上传到微信朋友圈、微信群和公众平台等移动新媒体,引导用户参与竞拍的活动。在竞拍期间,潜在购买者可以直接通过微信平台报价,或者给拍卖主持人留言等方式获取目标艺术品。艺术品微拍出现的直接动因是移动互联网的发展。微信作为网络社交工具的流行,给微拍提供了广阔的发展空间,迎合了潜在的市场需求。与互联网拍卖相比,艺术品微拍流程更简单、便捷和高效。

第二,从交易方式来看,如果追溯艺术品微拍的历史就会发现,艺术品微拍在2013年就开始出现。最早的模式是卖家在微信朋友圈中晒出艺术品,微信好友在朋友圈的评论中不断竞价。此后,开始出现专门的微信拍卖群,群主首先建立微信群,然后将潜在买家拉进微信群,并在群里发布拍卖产品的信息,群内成员则相互竞价。在此基础上,出现了专门的微信拍卖平台。

从经营主体来看,微信拍卖平台的主体经营者经历了从非专业的个人运营转向专业团队或者专业公司运营的根本性转变。从交易过程来看,初期的艺术品微拍一般是通过朋友关系组建交易圈子,通过熟人介绍不断扩大拍卖的影响力和营业额。买家通过艺术品微拍拍下展品之后,卖家一般通过专业的快递公司进行运送,将拍卖品直接送到买家手中。在交易过程中,艺术品微拍省去了传统拍卖会拍卖预展、拍卖场地、安全保卫等中间环节的费用,交易成本大为降低。

第三,从产业组织和市场空间来看,依托社交媒体平台的艺术电商模式属于在线艺术品交易范畴,这并不是中国独有,而是世界趋势。根据《2015年TEFAF全球艺术品市场报告》的数据,2014年的在线艺术品销售额已达33亿欧元,约为全球艺术品和古董总销售额的6%,并且以每年近30%的速度递增。其中,基于移动互联网社交媒体的艺术品交易已经成为令人瞩目的增长点。从我国微信平台的拍卖情况来看,到2015年1月,全国各地已有上百家与书画艺术相关的微信拍卖群建成,大多数以拍卖国画、油画为主,比较有名的微拍平台有北京的阿特杰夫拍卖、大咖拍卖,南京的名人书画微拍、拍艺拍微购,安徽的17ART.COM微拍、卓克艺麦微拍等。其中,阿特杰夫就是一个典型代表。阿特杰夫于2014年2月成立,到2014年9月中旬,在短短7个月的时间,一共上拍件数603件,其中未成交27件,成交576件,成交率为95%。有177件拍品超过1万元落槌,10件拍品超过10万元落槌,1件拍品超过20万元落槌。7个月的拍卖落槌总价达到838万元,加上微拍刚成立的折扣佣金,总成交额为838.6万元。

2015年,中国艺术品拍卖市场成交总额为506亿元,比2014年缩水

20%。在全国艺术品拍卖市场成交总额并不景气的大环境下,艺术品微拍无论从数量和成交总额都在不断增长,这和艺术品微拍的客户群体、所拍艺术品的价位、拍卖渠道便捷都息息相关。

第四,从用户主体来看,艺术品微拍和传统拍卖有一个共同点,都是遵循社交模式。传统的拍卖行和画廊等大部分作品都是卖给熟人,一旦出现新买家,许多卖家和新买家也会迅速建立关系。艺术品微拍也具有相同的特点,不同的是拍卖品的卖家和买家遵循的是移动互联网社交电商模式,是依附于社交关系的移动互联网交易,卖家和潜在的买家通过微信平台进行沟通和联系,并进行艺术品拍卖。从客户群的角度来看,艺术品微拍是对传统拍卖行的一种补充,覆盖了传统拍卖行很少关注到的中小客户。

二、艺术品微拍对收藏格局的影响

艺术品微拍的出现在很大程度上改变了中国当前的"收藏"格局,越来越多的普通大众参加进来。我们习惯于认同这样一种观念,即艺术品被官方收藏要比被私人收藏更为安全,其实这并不绝对。官方收藏的高度密集特征,有时候反而增加了发生集中毁坏的风险,古今中外有不乏这样的案例。例如,不久前发生的巴西国家博物馆火灾,造成 2 000 万件藏品的 90%被烧毁,即是一个惨痛的教训。而私人收藏在很大程度上弥补了官方收藏的不足,它一方面可以分化藏品集中受灾的风险;另一方面,还有助于活化藏品的社会价值。历史地看,官方收藏本来就源于私人收藏,即使中国历史上的皇家收藏,很大程度上也是与皇帝的个人爱好有关,外人一般无权染指,因此,并不具有公共收藏的性质。此外,就目前的全球艺术市场来看,在艺术拍卖中顶级艺术品的价格竞争上,胜出者往往也是私人藏家而非博物馆机构,这与两者的资本属性以及资本支配自由度不同有关。

中国当下的公共收藏很大程度上还停留在"为收藏而收藏"的阶段,尤其是省级以下的官方博物馆,平素不轻易举办展览,即使有展览更新的周期也非常长,从而使很多藏品(包括很多珍品)"深居简出",很少与社会公众进行互动,藏品的社会价值无法得以顺利实现。这种将藏品束之高阁,甚至作为一种"独有资源"秘不示人的行为,违背了收藏的"初衷",也造成很多文化艺术资源的浪费。此外，为了节约成本与规避风险，目前越来越多的博物馆选择使用复制品代替真品进行展出，尤其是书画、古籍和文献类藏品，在被高清扫描后，"真身"便被"打入冷宫"，平时以数字形态或复制形态呈献给观众。还有的博物馆在用复制品展出时，并不标注是"复制品"，大有"混淆视听"之嫌。可惜的是，博物馆展览中"真身"的"缺场"已经形成一种无法逆转的趋势，公众直接接触原作的机会越来越少，这无论对于艺术欣赏，还是学术研究来讲，都是一种无可奈何的遗憾。

相比较而言，私人收藏则更容易将藏品的多元价值发挥出来，如藏家与藏家之间、藏家与社会公众之间的互动，都会更为直接和自由灵活。当然，私人收藏本身的乐趣也是不容忽视的，藏家对"藏品"拥有的满足感，亲手把玩、观赏的"在场感"等精神体验，都是无法从复制品或虚拟作品中获得的。

因此，在由"艺术品微拍"拓展和活化的艺术市场中，虽然艺术品的整体层次可能不高，却有助于推动最广大的人民群众去了解、学习、研究民族的艺术文化。群众对传统艺术的热爱，是树立民族自信和文化自信的重要推动力，对于传承、传播中华民族优秀传统文化也具有积极的意义。

三、艺术品微拍的利与弊

艺术品微拍等线上拍卖模式，将成为艺术品市场的重要组成部分。一是目前艺术品微拍平台以微信为主，具有公平、平等的特征。艺术品微拍的商家看中的是微信本身的流量。在微信上进行艺术品拍卖，相当于依靠移动互联网流量进行拍卖，与流量同等重要的还有平等的拍卖平台和机会。二是艺术品微拍作为拍卖行业的新秀，也不可避免地带来了一系列法律和社会问题。目前，多数微拍商家缺乏明确的品牌意识和长远发展的规划，与传统拍卖会的较高质量相比，微信拍卖的质量参差不齐，由此形成了行业的无序发展和交易纠纷等问题。而 2015 年 5 月，中国艺术品微拍联盟成立，就是意图解决艺术品微拍平台存在的无序发展、破坏行业竞争、损害收藏家利益、交易纠纷等问题，这将有利于微信拍卖行业的健康和可持续发展。今后微信拍卖产业有可能逐渐出现一些自身定位明确、品牌知名的微拍平台，这些微拍平台也将与传统的画廊和拍卖行进行合作，实现良性的线上与线下互动。三是艺术品微拍还处于国内法律的真空地带,相关政府职能部门对此也缺乏相应的规制和监管。但从长远来看,关于线上拍卖的相关法律和规制将逐渐完善,而艺术品微拍等线上拍卖模式,也将成为艺术品市场的重要组成部分。

总之,近年来各种艺术品微拍平台的出现,在很大程度上改写了中国当下艺术收藏的生态,其中可圈可点者甚多。例如,拉动了艺术品消费"内需",拓展了艺术品"市场",推动了艺术"传播",增强了文化"自信"等。但其弊端也同样不容忽视,如拍品质量参差不齐、拍卖平台不够专业、交易环节不够透明、物流平台不够安全,以及虚拟拍卖造成现场感的缺失等。但总体来看,"艺术品微拍"的发展有助于活化当前中国相对疲软的艺术市场,有助于在全民范围内推广中华优秀传统艺术,因此,无疑是利大于弊的。只是它目前还不够成熟,还需要政府和社会的进一步规范和引导,对其未来发展,我们应该保持积极的心态和开放的态度。

参考文献 ↘

1. 胡晓明,肖春晔.文化经纪理论与实务[M]. 广州:中山大学出版社,2014.

2. 汪京.文化经纪人[M]. 北京:中国经济出版社,2006.

3. 徐海龙.文化经纪人概论[M]. 北京:北京大学出版社,2010.

4. 王海文.文化经纪概论[M]. 北京:高等教育出版社,2017.

5. 向勇.文化产业导论[M]. 北京:北京大学出版社,2015.

6. 王军,司若.中国影视法律实务与商务宝典[M]. 北京:中国电影出版社,2017.

7. 李振武.娱乐江湖——娱乐法的圈地运动[M]. 北京:中国法制出版社,2018.

8. 颜海,彭桂芳,蒋冬青.文化经纪理论与实务[M].武汉:武汉大学出版社,2016.

9. 罗紫初,李昕烨. 文化市场体系建设与一般市场体系建设的共性与差异比较研究[J]. 出版科学,2014(22).

10. 陈倩,包国强.我国文化市场体系建设的政策支撑[J].中国市场,2017(11).

11. 张玉玲.现代文化市场体系的运行机制研究[D].武汉:武汉轻工大学,2017.

12. 中国演出行业协会. 2018 中国演出市场年度报告[R]. 北京:2018.

13. 王宁.消费社会学——一个分析的视角[M].北京:社会科学文献出版社,2001.

14. 向勇,白晓晴.新常态下文化产业 IP 开发的受众定位和价值演进[J]. 北京大学学报(哲学社会科学版),2017(1).

15. 陈少峰,黄锦宗.文化旅游融合趋势与模式创新[J].理论学习与探索,2019(5).

16. 陈飞.腾讯实行"IP"全版权开发的相关研究[D].上海：上海社会科学,2017.

17. 王帅琦.从《国家宝藏》看电视文博类节目的创新发展[J].今传媒,2018(4).

18. 傅琳雅."互联网＋文化产业"的新业态及发展趋势[J].沈阳工业大学学报(社会科学版),2016(4).

19. 胡萱尹.人工智能在文化产业领域的发展研究[J].传播与版权,2019(2).

20. 周海帆.虚拟现实技术在文化旅游中的应用研究——以主题公园为例[D].上海：上海交通大学,2017.

21. 周禹.分析全息投影技术在演艺活动中的应用[J].艺术科技,2014(2).

22. 邵明华.媒介融合背景下我国影视文化消费的趋势与对策[J].现代传播(中国传媒大学学报),2014(5).

23. 申坤.改革开放四十年中国文化管理顶层设计的历史脉络与路径选择[J]理论与改革,2018(4).

24. 东方网.上海印发《关于加快本市文化创意产业创新发展的若干意见》[EB/OL]. http：// shzw.eastday.com/shzw/G/20171214/u1ai11069790.html.

25. 中国经济网.从政策看 2018 年各地文化产业发展主基调[EB/OL]. https：// baijiahao.Baidu.com/s?id＝16220497950088990166&wfr＝spider&for＝pc.

26. 国家统计局. 2018 年上半年居民收入和消费支出情况[EB/OL]. http：// www.stats.gov.cn /tjsj/zxfb/201807t20180716_1609880.html.

27. 徐文明,吴倩.融合文化与互联网文化产业商业模式创新[J].齐鲁学刊,2017(6).

28. 蔡雯.媒体融合与融合新闻[M].北京：人民出版社,2012.

29. 包国强,黄诚,张玉玲.我国现代文化市场体系的框架系统理论初探[J].中国市场,2018(11).

30. 郭凯欣,张纯.基于陶瓷艺术品经纪人视角的景德镇陶瓷艺术品市场发展研究[J].经贸实践,2018(15).

31. 戴云波,马莉.版权代理机构与出版经纪人制度：出版业的两个命门[J].中国版权,2012(4).

32. 吕鹏,隋欣.中国好声音的市场营销策略研究[J].艺术研究,2014(2).

33. 图解体坛系列：足球国际转会规则 http://www.chianlawinsight.com/2019/03/articles/pe/.

34. 章锐.从帕夫画廊到苏荷艺术区——美国艺术画廊的兴起[J].美术，2016(6).

35. 梅江.艺术品交易的"博览会"潮[J].美术观察，2016(7).

36. 卢天玉.画廊市场运作模式与艺术生产机制变革[J].广西民族大学学报（哲学社会科学版），2014(11).

37. 聂皓雪.美国早期现代艺术史上的丹尼尔画廊与皮特·布鲁姆[J].美术学报，2018(6).

38. 郭磊.拍卖行业运营特点及综合金融需求研究[J].金融创新，2012(10).

39. 刘玉珠.文化经纪人与文化产业[J].经纪人，2003(1).

40. 闫坤.我国出版经纪人的发展现状与存在形式[J].传承，2008(10).

41. 夏红军.西方出版经纪人发展现状初探[J].出版科学，2006(3).

42. 孙万军.西方出版经纪人模式的发展与变迁[J].出版科学，2013(1).

43. 徐锦熹.香港画廊业发展的经验及启示[J].美术观察，2016(1).

44. 郑雷，郑立波，江苏佳.新型文化业态的现状分析及发展趋势[J].传媒，2017(12).

45. 王冬松.艺术品交易新模式"微拍"的利与弊[J].美术观察，2019(3).

46. 章锐.英国伦敦弗里兹艺术博览会研究[J].美术观察，2018(4).

47. 甘学军.中国艺术品拍卖市场的危机与转型[J].美术观察，2016(1).